中國을 넘어야 한국이 산다

崔弼圭 著

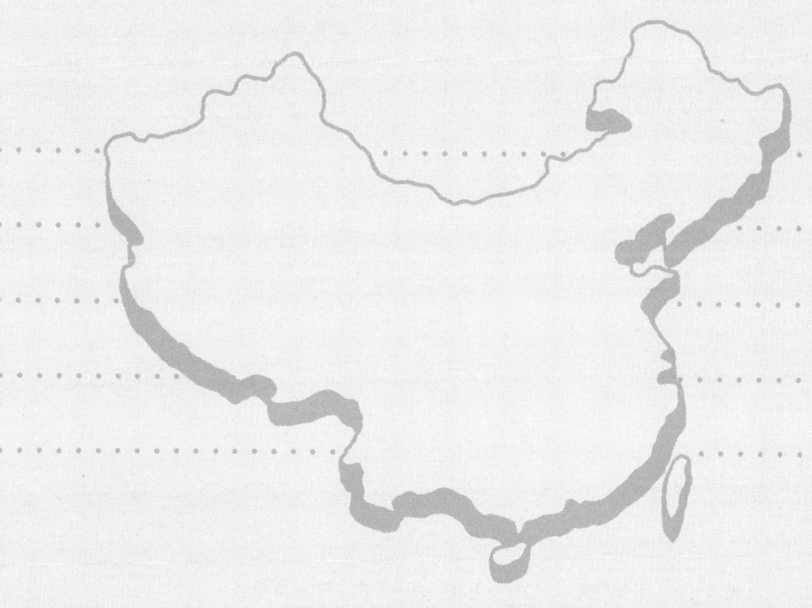

추천의 말

「중국은 우리에게 무엇인가.」 경제적 파트너일까 경쟁자일까.

한반도 크기의 44배에 달하는 땅덩어리, 세계인구의 20％가 숨쉬고 있는 곳, 한국전쟁 이후 정치적 적대관계를 지속해 왔던 거대한 나라 중국이 우리 앞에 새로운 모습으로 다가서고 있다.

이념보다 경제적 실리가 우선되는 급변하는 시대상황. 그래서 중국은 더 이상 반목과 질시의 대상이 아닌 협력자이자 힘에 겨운 경쟁자란 두 가지 얼굴로 우리에게 가치판단을 강요하고 있다.

지난 1992년 국교정상화 이후 두 나라는 경제의 끈을 단단히 맺어오고 있다. 1989년 21억 4,000만 달러에 머물렀던 두 나라 교역량은 지난 해 90억 8,000만 달러 규모로 확대되었다. 연평균 40％의 높은 신장세다. 두 나라 교역량은 1997년 280억 달러, 2001년에는 560억 달러에 달할 것이란 전망도 있다. 중국은 이미 지난 해 교역량 기준으로 한국의 3대 교역국의 위치에 올랐다. 한국은 중국의 6대 교역국으로 부상했다.

상호투자도 활발하다. 지난 해 말 현재 한국의 대중투자는 1,042 건, 9억 6,000만 달러로 해외투자 1순위다. 중국의 대한투자는 42 건, 1,200만 달러를 기록했다.

교역량이 확대일로를 걷고 있는 것은 한국의 자본과 기술 그리고 중국의 12억 시장이 서로의 입맛을 끌어당기고 있기 때문이다.

한국으로서는 중국시장을 결코 놓칠 수 없다. 지난 해 918억 달러를 수출하고 1,040억 달러어치를 수입, 11위의 무역대국으로 부상한 중국은 앞으로 50년 이내에 미국 경제규모에 버금갈 것이란 예측이 나돌고 있다. 또 적어도 150년 후에는 미국인들과 같이 풍요로운 생활을 누릴 수 있게 될 것이란 게 전문가들의 관측이다. 태평양 연안 18개국 경제학자들이 최근 발표한 「태평양경제전망」은 중국의 경제성장률이 10%선을 유지, 이 지역 경제발전의 견인차 역할을 할 것으로 내다보고 있다. 그만큼 상품시장으로서의 잠재력이 무한하다는 애기다.

그러나 중국은 경제적인 협력대상이나 시장으로서의 객체(客體) 만이 아닌 무서운 경쟁자로서 우리를 위협하고 있다. 미국 시장에서는 중국 3.9%, 한국 3.4%의 시장점유율을 기록한 지난 1991년부터 한국을 앞지르고 있다. 지난 해에는 중국의 대미수출액이 315억 달러에 달해 한국의 두 배에 육박했다. 노동집약형 저가제품시장은 물론 기술집약형 고가제품 시장에서도 무서운 속도로 추월하고 있다.

이제는 중국에 대한 시각을 달리해야 할 필요가 있다. 못사는 나라, 허술한 나라, 종이호랑이란 옛 생각에 젖어 있어서는 백전백패다. 「장님 코끼리 만지기」식의 단편적인 지식만으로는 중국을 이해할 수 없다. 경제대국으로서 중국을 인식하길 거부했던 우리의 무식함을 부끄러워 해야 한다. 중국은 저만치 앞서가고 있다. 그들의 상술, 외교술, 경제운영방식 등 중국에 관한 종합적인 연구작업이 절실하다.

이제까지 우리는 중국을 그 자체로 보지 못하는 경향이 있었다. 중국 전문가란 사람들조차 서양에서 배운 틀에 얽매여 중국을 바라보고 있다. 그들은 「중국은 공부하면 할수록 더 어려운 나라」라는 말을 자주한다. 연구방법이 틀렸기 때문에 나오는 푸념일 것이다. 우리 것이 아닌 시각에서 바라보는 중국이 똑바로 보일 리 없다.

이 책은 본사의 최필규 기자가 북경 특파원으로 활약하며 현장에서 느낀 점을 쓴 것이다. 최 기자의 간결하면서도 생동감 넘치는 필체는 중국인의 상술을 예리하게 파헤치고 있으며 한국기업이 중국현지에서 맞닥뜨리는 각종 문제점들을 하나하나 설명해 주고 있다.

최 기자의 글이 본지에 연재되는 동안 성원의 전화가 끊이지 않았다. 본사는 이에 따라 최 기자의 글을 재구성, 책으로 엮게 되었다.

중국과의 비즈니스를 원하는 기업인이나 정부당국자 그리고 중국을 처음부터 배우려는 학생 및 일반인들에게 많은 도움을 줄 것으로 믿는다.

아울러 이 책이 지난 반세기 동안 한·중관계의 공백기를 메우는데 조금이나마 보탬이 되기를 기대한다.

韓國經濟新聞 編輯局長

金 英 鎔

머 리 말

중국은 가까이 있지만 실제로는 먼 나라다. 학교로 치면 우리는 아직 중국에 관한 한 초급반에 속한다. 많은 사람들이 과거의 중국에 대한 선입관 때문에 오늘의 중국을 간과하고 있다.

현재의 중국은 신중국(新中國)에 해당한다.

지난 1979년 이후 본격화된 대외개방과 개혁정책은 중국사회를 엄청난 속도로 변화시키고 있다. 경제적인 면에서도 사회현상의 다각적인 분석이 없이는 이해가 빨리 되지 않는다.

더구나 중국이 가진 본래의 모습들이 빈번한 대외접촉을 통해서 서서히 배어나오고 있다. 이와 함께 사회주의 중국의 잔재도 아직 도처에 남아 있다.

인구 12억이라는 규모의 경제가 의미하는 것은 실로 대단하다. 홍콩이 오는 1997년, 마카오가 1999년 중국으로 주권이 반환될 예정이다. 이것으로 중국은 2000년을 향한 비약의 준비를 마치는 것으로까지 평가되고 있다.

이 시점에서도 우리는 중국에 대한 잘못된 선입견을 사실인 것처럼 당연시 하고 있는 부분이 많이 있다. 혼선을 빚게 하는 요소들이 많아 밀도 있는 접근이 어렵다. 그럼에도 이제 중국은 한국과 불가분의 관계가 형성되어 있다.

한·중 간의 협력은 필연적이다. 그중에서도 경제협력은 상호간의 이해와 맞물려 중요도를 더 한다. 세계가 온통 경제우선주의로 치닫고 있다. 그점에서 우리도 예외는 아니다.

중국의 현황을 이해하기 위해서는 최근 중국에서 벌어지고 있는 여러 현상들에 주목해야 한다.

중국 특유의 꾸안시(關係)나 지역별 중국인의 특질, 소비패턴의 변화, 구악으로 분류된 범죄와 매춘의 재등장, 번성하는 지하경제 등 각종 현상에 대한 이해가 필요한 상황이다.

한국기업이 어떻게 하고 있고, 중국은 어떤 생각을 하고 있는지도 중요하다. 이 모든 것들이 현재의 중국을 이해하는 데 필수적인 것이다.

「현장의 이야기」가 중요하다. 중국은 막연히 생각하는 것처럼 만만한 나라가 아니다. 거대한 면적과 인구, 최근의 발전속도 등 잠재력이 살아나면서 더욱 무섭게 느껴지고 있다.

글을 써나가면서 중국은 역시 변수가 많다는 생각이 든다. 이것이라고 꼬집어 이야기하기 어려운 사회현상에 대해서는 많은 고민이 따랐다.

하나의 문제를 이해하기 위해 자문도 구해보았다. 그러다보니 문제가 단순하지 않음이 쉽게 느껴졌다. 결국 생생한 목소리일수록,

단정적인 이야기일수록 함정도 많다는 하나의 정의가 생겨났다.

이 책을 집필하는 데 많은 시간이 흐른 것은 이 때문이다. 아무래도 더 많은 현상을 이야기해야 하지 않겠는가라는 충고도 있었지만 여기에서는 중국의 오늘을 이해하기 위한 내용을 담기로 했다.

독자가 이 책을 읽고 중국은 이렇구나 하고 느낄 수 있다면 그것으로 필자는 만족한다.

대한무역진흥공사(KOTRA) 홍콩무역관에 근무한 바 있는 權五鴻 중국투자전문 컨설턴트(現 長漢信息주식회사 사장)의 조언이 없었다면 이 책의 출간은 어려웠을 것이다. 글에 대한 감각을 일깨워준 평생의 스승 崔圭永 편집이사, 金英鎔 편집국장, 金亨秀 국제부장께 감사드리고 특히 이 책의 출판에 힘써 준 출판국 동료들에게도 고마움을 표한다.

이 책을 집필하는 데 많은 노력을 기울였다. 그렇기에 애착이 강하다. 언제라도 자유롭게 누구든 만나「오늘의 중국」에 대해 토론하고 싶다. 오늘의 중국은 오늘과 내일의 한국에 너무나 큰 영향을 미치게 될 것으로 확신한다.

보고 들으며 느낀 이야기를 적는데도 상당한 어려움을 느낀 것은 이 때문이다. 『중국을 읽어야 한국이 산다』는 것은 오늘의 현실에서 너무나도 극명한 사실이다.

1994년 5월

北京에서 崔弼圭

차   례

제 2 장 : 중국 비즈니스를 위한 ABC / 53

제 3 장 : 중국에는 중국경제가 있다 / 93

제 4 장 : 중국 속의 한국인 한국기업 / 137

제 5 장 : 중국을 넘어야 한국이 산다 / 175

제 6 장 : 중국을 보는 10가지 시각 / 215

부록

안개 속 오늘의 중국을 읽는다

중국인의 지역별 특징

중국은 다민족(多民族) 국가이기는 하지만 한족(漢族)이 근간을 이루고 있어 실제로 미국과 같은 잡탕밥의 냄새는 느껴지지 않는다. 그러나 광활한 국토면적으로 인해 기인이사(奇人異事)가 끊이지 않는다.

그러한 가운데서도 주요지역별로는 그 지역의 문화·풍습 및 역사가 용해되어 사람들의 특질(特質)이 형성되어 있다. 이와 같은 특질은 전체적인 것으로 이것이 모든 사람에게 동등하게 적용될 수 있는 성질의 것은 아니다. 그렇지만 유사한 환경이 가져다준 잠재의식은 항상 내재해 있다는 측면에서 보면 이 부분도 매우 중요하게 취급되어야 한다.

「계산(計算)」이 유난히 강한 지역을 꼽으라면 첫째가 상해(上海)이고, 그러한 사람은 상해인(上海人)이라고 하겠다. 상해는 20세기 초반 이미 동양의 국제도시 중의 하나로 발달해온 경험을 가진 도시로 중국의 다른 지역에 비해 비즈니스적 기질이 가장 발달해 있다. 외국과의 접촉이 빈번해짐에 따라 외모나 꾸밈새·치장도 이른바 표면적인 예의를 매우 중시하지만 일찍부터 온갖 사람들이 들끓다보니 가난한 사람이나 지위가 낮은 사람을 깔보는 일종의 인명(人命) 경시풍조도 높다.

오랜 개방(開放)의 역사, 서유럽화에 대한 낮은 거부감, 도시 특유의 강한 물질적인 동기부여 등이 어우러져 형성된 경제감각은 다른 지역의 추종을 불허한다. 경제외적으로도 상해인은 상해가 정치·경제·문화의 중심지라는 생각이 강하여 평소에도 북경어(北京語)를 잘 쓰지 않고 기질적(氣質的)인 차이로 인해 북방인(北方人)들과 좀처럼 결혼도 하지 않는다.

상해와 인근지역인 절강성(浙江省)의 경우도 상해 못지않게 계산이 빠르다. 사안(事案)에 대해 결정이 나면 추진속도가 빠르기는 하지만 손해보는 비즈니스를 아예 하지 않으려는 경향이 강하다. 집단을 구성하기 좋아하며 중국의 상권(商權) 카르텔이라고 할 수 있는 방회(幇會)는 대부분 이 지역에서 유래한다.

북경의 경우, 왕도(王都)로서의 오랜 역사를 바탕으로 대인관계에서 콧대가 높고 자부심이 강하지만 비교적 예의는 바른 편에 속한다. 이 자부심으로 북경과 상해 간은 서로 사이가 좋지 못한 것으로 알려지고 있는데 심지어 이 점이 상해가 발전하지 못한 결정적 이유였다는 말도 들린다.

북경은 국가의 정치·사회의 중심지로 자연히 여러 인맥(人脈)들과의 관계가 유난히 중시되는 지역이다. 그래서 사람과 사람 간의 꾸안시(關係)문제가 가장 철저하게 먹혀드는 지역으로도 볼 수 있다. 그렇지만 일반적인 생활태도는 상당히 검소한 편에 속한다.

중국 남부의 광동(廣東)·복건성(福建省)은 인접한 지역이면서도 기질이 상이한 대표적인 지역 중의 하나다. 광동인의 특징은 비교적 인내·끈기, 강한 기질로서 열심히 일하고 그만큼 사치도 추구하는 것이다. 특히 두뇌회전이 빠르며 작고 세밀한 작업 등에서는 탁월한 능력을 발휘한다.

광동의 매현(梅縣) 객가인(客家人, 객가인맥은 중국남부 광동성·복건성을 중심으로 한 인맥을 의미하는 대표명사가 되고 있다. 싱가포르의 이광요 전수상, 인도네시아 기업가 수도노 살림, 등소평까지 직·간접적인 연계를 가진다)은 특히 해외에서도 상술로 잘 알려져 있다. 신용이 다소 희박한 경향이 있는데 이는 단순한 관계보다 비즈니스 관계를 더 소중하게 생각하는 과정에서 표출(表出)되기 일쑤다.

복건성은 지역 특성상 산지(山地)가 중심을 이루고 있으며 내륙과 인근지역과의 교통이 극히 나쁘다. 따라서 과거부터 해외로의 진출을 시도하였고 동남아지역 화교(華僑) 특히 필리핀·대만·인도네시아 등에서는 복건성 출신들이 세력을 떨치고 있다. 복건인의 특성은 어지간히 확실한 보장이 없으면 사업추진을 잘 하지 않는다는 것이다. 그들은 매우 구두쇠적 기질과 저축욕도 강하다. 사업수완면에서는 비가 올 때 두 개의 우산을 가지고 나가 하나는 자기가 쓰고 나머지는 판다고 할 정도로 기회포착에 능하다.

최근 우리기업이 물밀듯이 몰려간 산동반도의 경우, 우리와 기질적으로 닮은 점이 많다. 중국 내에서도 산동인은 성격이 순수하고 단순하다는 평가가 있고 과거 중국 역사 중 이름 있는 대도(大盜)나 의적(義賊)들은 대부분 이 지역 출신이라 할 정도로 의리도 중시한다.

소설《수호지(水滸誌)》의 무대도 바로 이곳이다. 비즈니스 관계에서는 까다롭지 않으며, 일단 친구가 되면 마음 속 이야기도 털어놓을 정도로 호방(豪放)한 편이다. 그러나 경제발전이 점차 이런 기질을 변화시키고 있다는 평가도 나오고 있는 점에 유의할 필요가 있다.

동북지역(옛 만주지역으로 현재는 요녕·길림·흑룡강성의 세 곳을 말함)의 경우는 술을 빼고 이야기 할 수 없을 정도로 「술」을 통한 인연이 중요하다. 기후상 추운 지역이어서 독주(毒酒)를 좋아하며, 상담이나 교섭은 두 번째로 미루고 먼저 친구로 사귀는 전략이 필요하다.

우리의 입장에서는 다수의 조선족(朝鮮族)이 있어 중국인과의 만남을 직접적으로 갖지 않고 간접적으로 하는 경향이 있으나 이렇게 되면 인연을 맺기가 몹시 어렵다.

조선족은 기질상 「한국기질＋중국기질」이 혼합되어 있는 데다 여러 가지 이해관계가 얽혀 있기 때문이다. 전체적으로 이 지역 중국인들은 「친구(親舊, 朋友)」의 개념을 매우 중요하게 생각한다는 점을 가장 큰 특징으로 볼 수 있다.

이 밖에도 내륙지역인 사천성(四川省)의 경우, 내륙의 산동인으로 평가할 수 있을 만큼 호방한 성격을 지니고 있다. 매운 음식을 무척 좋아한다는 것도 특징이다. 음식과 관련, 광동인은 네 발 달린 것 중 의자·책상, 나는 것 중에는 비행기를 제외하고는 다 먹는다고 할 정도로 음식의 종류가 다양한 것으로 잘 알려져 있지만 사천성은 매운 음식으로 유명하다.

중국인들끼리는 『호남(湖南)은 매운 것을 두려워하지 않고, 귀주(貴州)는 매워도 겁내지 않지만 사천은 맵지 않은 것을 두려워 한다』는 속설이 있을 정도다. 의협심도 강하고 성격도 개방적이며 비즈니스에서도 복잡한 과정을 좋아하지 않는다. 상해인과 같은 거래상의 테크닉이나 기교도 부리지 않는다.

중국 각 지역의 이와 같은 특질은 중국경제 발전에 상당한 영향을 미치고 있다. 한국인의 경우 기질적으로 중국 남부와는 융화되기 어렵고 오히려 동북부나 산동·북경 등을 선호하는 경향이 있는 반면, 일본의 경우는 중국과의 직접적인 상담보다는 홍콩을 거점으로 이용하여 가급적 중국인과 중국인 사이의 협상을 유도하는 경향이 강하다.

이러한 기질적인 특징은 경제개발이 전면화되기 시작하면서 인적 이동이 많아지고 경제적인 활동영역이 중복·복잡화됨에 따라 여러 형태로 해소되고 있기는 하다. 그래도 지역별 중국인의 기질 이야기는 그렇게 단기간에 변화될 수 없는 문제인 것 같다.

중국의 젊은 여인들

중국여자들이 변하고 있다. 경제개발의 첨단을 따라가는 것은 가정구조(家庭構造)의 변화다. 미혼·기혼을 가리지 않고 급격히 변하고 있는 환경을 따라잡기에 바쁜 것이 요즘 중국여자들이다.

연애풍속도가 새로워지는 것은 그 한 예이다. 데이트 습관이 변하면서 조금이라도 교양 있는 데이트는 일단 여자를 위한 달콤한 칵테일로 시작하여 식사를 하고 그 다음 순서로 가라오케에 가서 같이 노래를 부르는 코스가 유행이다. 물론 비용이 상당히 많이 드는 편이지만 이 비용은 대개 남자가 부담한다.

데이트하기에도 벅찬 남자들은 주머니가 가벼워지는 만큼 애인과의 관계도 소원해진다. 예전처럼 남편 후보감으로서 가장 인기 있는 항목의 하나가 건실한 사람이 아닌, 돈많은 사람으로 바뀐 지는 오래 되었다.

그러다보니 농촌총각문제도 심각하다. 여자들은 도시남성을 좋아하고 농촌에 시집가는 것을 꺼린다. 무작정 도시로 가출하거나 어떻

게든 길을 뚫고 도시로 가려는 젊은 여자들은 늘어만 간다. 우리의
어제·오늘과 무척 비슷해져 가고 있다는 생각이 든다.

　여자들이 남편감을 고르는 데도 이른바 삼고(三高)기준이 적용된
다. 우선 키가 크고 학력도 높고 수입도 많은 상대자를 의미한다.
수입 많은 남편이 가장 우선시되는 것은 물론이다.

　중국 광동성의 한 잡지가 1,000여명을 대상으로 한 설문조사에 따
르면 805명 이상의 응답자가 결혼생활 중 가장 중요한 것은 「돈」이
라고 꼽고 있다. 가난한 부부는 모든 일에 슬픔뿐(貧賤夫妻百事
衷)이라는 말이다. 좋은 남편의 기준도 사업능력이 첫째이고 돈을
잘벌고 처자를 존중하며 붙임성이 있는 사람의 순으로 나타나 있
다. 그래도 좋은 아내는 전통적인 남자의 욕심이 남아 있어서인지
돈이 먼저가 아니고 가정에 충실하고 남편을 존중하며 온화하고 붙
임성이 있는 사람을 선호한다.

　증가일로의 인구증가율을 줄이기 위해 실시하고 있는 이른바 독자
(獨子)정책도 한몫 거든다. 중국 법률상 부부가 산아제한을 지키는
것은 의무로 되어 있다. 하나 이상을 낳게 되면 여러 혜택들이 일거
에 줄어든다. 벌금이 있는 지방도 있다. 이 벌금은 관리(官吏)들의
회식비용으로 사용되기도 한다. 이 과정에서 당사자들을 협박하는
못된 관리들도 있다. 그래서 일정한 지위를 가진 사람이면 자녀는
하나로 만족해 한다.

　광동성 주해(珠海)에서 만난 호텔지배인 부부도 딸 하나밖에 없었
다. 넌지시 부인에게 물어보았다. 할 수 있으면 더 낳겠느냐는 질문
에 더 낳을 수 있다면 반드시 그렇게 하고 싶다고 한다. 그 표정이

단순히 원하는 정도를 넘어서 있다.

그러다보니 자녀에 대한 관심은 보통 높은 것이 아니다. 과외수업에서부터 입는 옷가지·액세서리·용돈 등에서 최고만을 고집한다. 가정마다 귀공자를 키우는 셈이다. 이제 이들이 자라나 신세대를 형성하기 시작하고 있다.

북경 등 대도시에는 이혼녀도 상당수에 이른다. 경제발전으로 여성들의 경제권한이 커지다보니 「대수롭지 않은 일」로도 이혼을 불사한다. 이혼도 이제는 엄연히 중국에서 존재하고 있는 풍속 중의 하나다. 이들 중 일부는 아르바이트 삼아 매춘(賣春)을 하기도 하고 홍콩·대만기업인들의 현지처가 되기도 한다.

《인민일보(人民日報)》의 광고란에 있는 정혼란(征婚欄, 배우자 구함)은 이런 세태를 반영한다. 이혼녀나 독신남녀들이 남자·여자 파트너를 찾는 것이다. 대부분 집은 기본으로 가지고 있고 다시 실패하지는 않으려는 듯 좋은 조건의 상대자를 구한다.

농촌에서는 여자가 없다보니 근친상간(近親相姦)도 많이 생긴다. 시집와서 도망가는 경우도 흔하다. 그래서인지 오히려 정신박약이나 장애자가 좋다는 경우도 있다.

이런 사회문제들이 인신매매(人身賣買)를 부르고 있다. 《뉴스위크》지에도 보도된 적이 있지만 부녀자 납치·매매는 은밀하고도 공공연히 이루어지고 있다. 특히 농촌지역에서는 아내를 얻지 못한 남성들이 이렇게라도 짝을 구할 수 있는 길을 찾고 있다.

사천성에서는 매년 공식적으로 1000명이 넘는 부녀자와 어린이들이 납치되고 있다. 이들은 동북지역이나 남부의 농촌·산간지역으로 팔려간다. 인신매매의 70% 이상이 조직범죄단에 의해 이루어진다. 중국에서 한동안 사라졌던 조직범죄단(중국에서는 黑社會라 한다)이 부활하고 있는 것이다.

범죄집단의 개입은 금전적인 관계가 필수적이다. 돈이 된다는 것이다. 현재 부녀자 1인당 판매가격은 인민폐로 약 3,000元(위안, 우리돈 약 100원이 1위안임)이다. 농촌총각의 입장에서 배우자가 있다 해도 결혼식 비용이 1만 위안 정도가 들기 때문에 차라리 간편하게 사오는 편이 좋은 측면도 있는 것이다.

이렇게 잡혀서 시집온 여자들은 도망칠 기회를 계속 노린다. 그러나 중국의 농촌이 씨족을 포함한 집단부락의 형태를 띠고 있다보니 마을의 모든 구성원이 감시자가 된다. 도망가다가 잡혀서 다리가 부러지는 경우나 아예 맞아 죽는 예도 흔하다.

차라리 죽는 것이 낫다고 생각하여 자살하는 여자도 있다. 지방관리들의 입장에서는 자기지역 내의 심각한 농촌총각문제를 방치할 수만도 없어서 눈감아주고 있다. 이런 사건을 빌미로 등을 치는 예도 있다.

농촌출신 여자들의 도시생활에서 매춘이나 이와 유사한 성(性)을 매개로 한 돈벌이 행위들은 문제가 심각하다. 가라오케서 만난 상해출신 여자는 처음에는 돈벌 목적으로 했으나 이제는 가게 주인 등의 협박에 의해 돈과 관련되지 않은 섹스도 강요되는 경우가 많다는 이야기를 한다. 결국 돈과 범죄단의 매개역할만 하고 있는 셈이다.

이처럼 중국에서도 다양한 사회변화가 일고 있다. 매일 달라지는 사회 분위기와 현상은 포착하기 힘든 정보들이다. 그래도 국가나 가

정경제에서의 여성의 위치를 제대로 파악하지 못하고서는 중국과 중국사회·중국시장을 이해하기 어렵다. 여성의 소비형태 변화는 비즈니스와 직결된다. 요즘 중국거리에서 만나는 여성들은 대단히 멋쟁이가 많다.

부자(富者)나라, 중국

중국은 가난한 나라가 아니다. 중국을 가난하다고 볼 수 있는 것은 잠깐 동안의 여행이나 12억으로 나누기한 통계에서나 볼 수 있다. 가난한 중국은 일종의 선입견이다.

중국에 대한 이와 같은 잘못된 판단은 대중국 접근방법상 가장 큰 오류(誤謬)로 등장하고 있다. 비즈니스 측면에서 보면, 가난한 중국이라는 전제를 두고 접근해서 성공한 사례는 없다.

그렇다면 중국의 12억 인구 중 과연 「부자」는 몇 명일까? 이를 살펴보지 않으면 가난을 뒤집어엎는 검증을 할 수 없다. 기본적으로 부자로 정의될 수 있는 집단을 살펴보면 해답을 구할 수 있다.

가장 먼저 꼽을 수 있는 것은 체제상의 부자들이다. 다른 대부분의 국가와 마찬가지로 중국에서도 소위 행정권한을 가진 부류의 사람들은 자신의 먹을 것 정도는 풍족하게 챙겨두고 있다. 여기에 속하는 사람들은 당(黨)과 정(政)의 고급관료들이다.

1993년판《중국행정구획간책(中國行政區劃簡冊)》에 실린 내용에 따르면, 각급(各級) 행정단위를 보면 3,000개에 달한다. 이를 기초로 각급 행정단위의 각 산하 직능단위(職能單位)를 감안하면 최소 500만 명 이상의 영향력 있는 관료군이 있다는 것을 알 수 있다.

1. 성급(省級) 행정단위 : 3개 직할시, 22개성(대만 제외),
　　　　　　　　　　　　5개 자치구
2. 지급(地級) 행정단위 : 110개 지구, 30개 자치주, 8개맹(盟)
3. 현급(縣級) 행정단위 : 1,668개현, 121자치현, 51개 기(旗),
　　　　　　　　　　　　3개 자치기(自治旗), 3개 특구, 1개
　　　　　　　　　　　　공농구(工農區), 1개 임구(林區)
4. 시(市) 행정단위 : 지급 191개, 현급 323개
5. 시관할구(市管轄區) : 662개

경제개발과 함께 이 관료군들의 부정부패가 심각한 문제로 대두되고 있으며, 이 관료들이 가족 또는 다른 명의(名義)를 이용하여 각종 비즈니스에 개입하고 있다는 사실까지 생각하면 이 집단이 가진 경제적인 잠재력은 상상하기 어려울 정도의 파급효과를 가지고 있다.

두 번째 그룹은 경제활동군(群), 즉 기업들이다. 중국의 기업수는 1993년 말 현재 향(鄉) 및 향 이상의 독립채산기업이 43만 개에 달했다. 그중 대형기업으로 분류될 수 있는 기업은 0.78%이고 중형기업은 2.03%, 소형기업이 97.1%를 차지하고 있다.

개혁·개방정책 시행 이후 기업들이 우후죽순처럼 생겨났고 최근에는 도시의 신흥집단기업과 향진기업(鄉鎭企業)들이 급성장을 보이고 있다. 향진기업은 일종의 농촌형 중소기업을 의미하는 것으로 경영주체에 따라 향(鄉)경영·촌(村)경영·생산연합경영·개인경

영의 4종류로 구분된다. 기업수 만으로 볼 때, 1978년 152만 개 회사였던 것이 1993년에는 1,900만 개로 늘어났고 직원수는 2,800만 명에서 9,600만 명으로 증가했다. 또한 개인기업의 경우도 1993년 말 현재 630만 개를 헤아리고 있다.

더욱이 외국투자기업의 중국진출에 따른 거대자금·기술의 유입이 계속되고 있고 이 과정에서 다수의 파트너기업들이 중국뿐만 아니라 외국과의 전문적 수준의 협력관계까지 맺을 수 있을 정도의 활동력을 갖게 되었다. 이 기업군들은 경제개발이 본격화되고 있는 시점에서 그 역할이 클 뿐만 아니라 소비시장의 주체가 되고 있기도 하다.

일정 그룹으로 구분이 되지는 않지만 일반노동자들의 생활에서도 풍요로움을 볼 수 있다. 우리의 경우 급여를 받고 그 돈으로 집도 마련해야 하고 보험도 들고, 자녀교육시키고, 저금이나 노후대책 등을 하게 되는 등 월급에 의해 생활을 해결해야 한다. 중국의 경우 일을 하건 안 하건 나눠먹는 한솥밥의 개념이 많이 사라지기는 했으나 그래도 사회주의체제가 가진 안정성을 유지하고 있다.

의료보험·실업수당·퇴직금·교육비·집세 등에도 국가가 보조해 주고 있다. 상대적으로 우리와 비교해 볼 때 급여가 낮은 것은 사실이지만 그 생활범주 속에서는 쓸 돈이 많은 것이다.

일부 직업에서는 부수입이 급여의 몇 배에 달하는 경우도 있다. 외국인을 상대하는 직업들, 관광안내원·통역·외국인회사 근로자 등이 이러한 부류에 속한다. 비록 공식적으로 불법이기는 하지만 외국인 상대의 매춘행위도 금전적 측면만을 감안한다면 무시할 수 없는 소득원을 가진 계층들이다.

최근에는 어지간한 시골에 가더라도 컬러 텔레비전은 흔히 볼 수 있다. 연해지역이나 내륙의 백화점에는 늘 사람들로 붐빈다. 구매력의 유무를 확인하기 위해 심천백화점의 이탈리아 구두매장에서 2시간 동안 몇 켤레의 구두가 팔리는지, 누가 사가는 것인지를 조사해 본 적이 있다.

일요일 오후시간에 백화점은 발디딜 틈도 없이 혼잡했고 2시간 동안 1켤레에 400~600위안씩 하는 구두는 7켤레나 팔렸다. 40대 초반의 차림새로 별반 특징이 없이 수수했던 한 부인은 이것저것 5분여를 고르다가 단번에 3켤레를 사고는 휭하니 가버렸다. 이런 예는 허다하다. 호텔 미용실에서 한 번에 600위안씩 하는 퍼머를 단골로 하는 부인들도 흔하다.

마음에 드는 물건이 있을 때, 크게 돈을 생각하지 않고 물건을 구입할 수 있는 구매력이 있는 부자 중국사람의 숫자는 얼마나 될 것인지는 정확하게 산출하기 어렵다. 그러나 대략 앞에서 살펴본 그룹들을 토대로 볼 때, 중국 인구의 5%에 상당하는 6000만 명 정도는 고급상품의 구매력이 있다고 판단할 수 있을 것 같다. 인구 6000만 명의 고급소비자를 확보하고 있는 나라는 흔치 않다.

조금은 우스운 이야기지만 중국의 한 친구가 내게 들려준 이야기가 있다. 국유(國有)무역회사의 사장인 그 친구는 한국기업과 상담을 자주 하는데 종종 한국기업으로부터 이상한 제안을 받는다고 한다. 이를테면 뒷거래를 위한 것은 아니고 잘 봐달라는 명목으로 매월 500달러를 줄 테니 어떻겠냐는 것이다. 그 이야기를 하던 그날 함께 하루저녁에 쓴 돈이 약 4,000위안 정도였는데 그 중국 친구가 모두 부담을 했다.

우리에게 알려진 상식으로 중국회사의 사장 봉급도 200~300위안 수준밖에 안되니까 당연히 500달러면 큰 돈이라고 생각하기 쉽지만 중국사회의 경제적인 발전속도는 일부 계층의 사람들에게는 전체의 공식이 통하지 않는 수준이 형성되었다는 점을 잊어서는 안된다. 그들에게는 10만 달러도 그리 큰 돈이 아니다.

문제는 우리가 비즈니스를 할 때, 상대할 사람들이 대부분 이 부류의 사람들이라는 데 있다. 여기에다 이른바「사회소비」또는「집단소비(개인소비와 반대되는 의미로 집단이 소비의 주체가 되어 개인이 이를 향유하는 것을 의미한다. 중국에는 과거 모든 것이 국영이어서 당연히 집단이 소비력을 가진 형태를 띨 수밖에 없었다)」라는 특이한 형태의 소비활동이 전체 소비에서 상당한 비중을 차지하고 있음도 고려해야 한다.

중국이라는 국가는 현재 경제력의 측면만을 보아도 세계 3위로 평가받을 정도로 기본적인 강대국의 면모를 갖추고 있다.

중국 국민도 그에 따른 경제력을 갖추어가고 있다. 돈 몇 푼 벌기 위해 친척방문이다, 뭐다해서 한국에 와서 불법체류하는 중국인이나 조선족이 있는가 하면, 여유 있게 세계일주를 다닐 수 있는 돈을 가지고 명목을 찾아다니는(중국에서는 명목 없이 관광목적으로 해외로 나가기는 어렵다) 사람들도 많다는 사실에 주목해야 한다.

기업인을 포함하여 많은 한국사람들이 아직도 200~300위안의 중국 노동자 봉급만을 생각해서 많지도 않은 돈을 자랑하고 다닌다. 중국에 유학온(연수인지 놀러온 것인지도 모르는) 학생들이 어느 지역의 가라오케를 주름잡고 다니며 현지처를 두고 사는 이야기를 하면서 중국은 가난하다고 정의내리는 것을 보면 비록 그것이 현실이기는 하지만 뭔가 크게 잘못되었다는 생각을 하게 된다.

중국인 스스로도 이미 1억의 인구는 충분할 만큼의 부(富)를 가진 것으로 평가한다. 가정부를 두고 있는 중국가정도 흔히 볼 수 있고 자녀들의 보충수업을 위한 개인교사도 있다. 한 세트에 100위안 하는 패스트푸드를 날마다 즐기고 여행이나 문화활동도 마음 내킬 때 즐기는 사람들이 늘어난다.

중국은 결코 가난한 나라가 아니며, 중국 국민도 가난하지 않다. 가난의 요소들이 없다는 것은 아니지만 그속에 숨겨진 부자중국을 생각하지 않고 중국시장에 접근하는 것처럼 어리석은 짓은 없을 것이다.

외국인은 봉(鳳)

　「봉(鳳)」이란 속된 말로 빨아먹기 좋은 사람을 뜻한다. 중국에서는 외국인을 봉취급한다. 한 마디로 외국인은 최대한 빨아먹을 대상인 셈이다. 겉으로 우의를 이야기하고 있지만 각종 제도가 외국인과 중국인 간의 동등한 대우를 허용하지 않는다. 물론 자신들이 필요한 부분에 대해서는 우대조치란 것을 시행하기는 한다. 그러나 일반적 경제활동에서 외국인은 스스로도 중국사회의 봉이 됨을 쉽게 발견한다.

　그래도 가장 대표적인 사례에 속했던 중국의 이중환율제도가 통일환율(統一換率, 單一換率, 중국의 환율은 1993년 말까지 공식환율과 시장환율의 이중구조로 운영되어 왔다. 공식환율은 1US$=5.7위안, 시장환율은 1US$=8.7위안대)로 바뀐 사실은 상당히 고무적이다.

　이른바 외화태환권(外貨兌換券)이란 화폐를 만들어 외국인들이 인민폐를 사용하지 못하도록 정책적으로 만들어 두었던 점을 생각하면, 확실히 중국정부가 가진 대외국인관의 일면을 볼 수 있다. 태환권을 없애는 조치도 사실은 국제경제의 대세상 어쩔 수 없는 상황까지 온 시점에서 이루어졌다는 점도 중요하다.

그렇지만 모두가 인민폐를 사용할 수 있다 해도 외국인에 대한 각종 공공성(公共性) 요금은 여전히 이중으로 운용되고 있다. 하다못해 공원의 입장료까지도 외국인에게는 중국인보다 몇 배나 더 물리고 있고 열차나 비행기의 요금도 마찬가지다.

특히 외국인에 대한 사무실·아파트 임대료는 천정부지(天井不知)로 오르고 있다. 북경의 경우, 외국기업이 밀물처럼 몰려들고 있는 탓에 부동산의 수급자체가 균형을 잃은 탓도 있겠지만 월세 4,000~5,000달러를 주고도 집을 구하지 못하는 사태가 벌어진다는 것은 심각한 상황인 것이다.

왜 외국인에게는 무엇이든지 비싸게 받는 정책을 택하고 있는 것인가?

중국의 대외관을 가장 잘 나타내고 있는 말은 바로「중화(中華)」다. 중국이 가진 대국의식은 비단 동양국가에 대해서만 적용되는 것이 아니고 서양에 대해서도 동일하게 나타난다.

중국에서의 생활은 중국어를 모르면 지옥, 알면 천국이라고 할 정도로 언어구사능력의 문제가 크다보니 서양인의 경우 한자문화권에 속하는 동양인에 비해 상대적으로 피해를 입는 경우도 많다.

그렇다고 동양인이 중국사회를 쉽게 이해할 수 있는가 하면 반드시 그렇지만도 않다. 중국은 40년 이상이나 사회주의체제를 경험했기 때문에 현대사뿐만 아니라 과거의 사회적인 특성마저도 엄청나게 변화해버린 것이다. 오히려 이해하기 쉽다는 선입견이 이해를 깊이 하는 데 장애요인이 되는 경우도 허다하다.

중화의식의 이면(裏面)에는 중국이 가진 독자적인 경제력 유지의 가능이라는 자신감이 담겨 있다. 중국은 30년 이상 거의 폐쇄적인 사회주의를 운용해 오면서 경제적인 자력갱생이 가능하다는 점을 확인한 바 있다.

그러한 자신감을 바탕으로 한 개혁·개방정책의 시행은 자연스럽게 중국이라는 땅을 무기로 삼는 전략을 앞세울 수밖에 없었을 것으로 추정된다. 이런 점들을 고려할 때, 대체로 중국의 대외개방은 다음과 같은 단계론(段階論)이 적용되고 있는 것으로 볼 수 있다.

제1단계, 외국의 자본과 기술을 도입하고 중국의 노동력과 결합시킨다. 제2단계, 중국기업의 독자적인 기술능력을 배양시켜 중국의 내외국 투자기업과 본질적인 경쟁분위기를 조성한다. 제3단계, 외국기업과의 동등한 제휴관계 형성을 통한 중국기업의 국제화를 지향하는 것이다.

이와 같은 단계론 속에서 중국은 배타적인 입장에 설 수 있을 때까지, 다시 말해서 중국이 국제경제 속에서 자신의 위치를 정립할 수 있는 시점에 이르기까지는 외국자본·기술의 투자도입을 적극적으로 권장하는 정책시행이 이루어질 것임이 분명하다.

그렇지만 국제경제 속에서 경쟁가능한 분야가 많아질수록 외국자본의 도입에 크게 연연하지 않을 수 있다는 추측도 가능케 한다. 실제로 1990년대 들어 중국의 연해지역들은 가급적 환경오염산업 및 일반 경공업투자를 탐탁지 않게 생각하는 경향이 심화되고 있다.

또한 중국은 대외개방정책 시행 이후 특정 국가에 의해 경제가 주도되는 (또는 배후조정 당하는) 사태발생을 우려하였고 그에 따라 가급적 홍콩·마카오를 중심으로 한 이른바 화인경제(華人經濟)의 도입을 중점적으로 추진하였다.

실제로 홍콩·마카오의 대중국투자는 중국 외국투자 도입액의 약 65%를 차지하고 있을 정도로 그 비중이 높다. 그밖에 대만기업의 대중투자 증가속도는 90년대 들어 이미 일본·미국을 앞지른 것으로 나타나고 있다.

1993년 11월 홍콩에서 개최된 제2회 세계화상대회(世界華商大會)에서 싱가포르 전수상 이광요는 『화상이 모국(母國, 중국)을 잊을 수는 없다』는 논지의 발언을 하고 있다. 일본 NHK와의 인터뷰에서 그는 장기적으로 화상에 의한 중국시장의 길이 개척되고 그 뒤를 미국과 유럽국가, 일본이 잇게 될 것이라는 점을 지적하고 있다.

이 지적은 일본기업의 대중국 투자현황을 보면 쉽게 이해가 될 수 있다. 일본은 대중국투자 중점이 제조업 부문이 아닌 제3차 산업 위주로 되고 있고 일본기업의 대중국 투자도 총체적으로 보아서는 점차 낮아지는 추세를 보이고 있다.

그 이유는 일본기업들이 중국의 외자이용정책이나 그에 따른 관련 법규에 대해 의혹을 가지고 있고 또한 국제경제의 구역성(區域性)경쟁을 고려할 때, 중국이 일본의 경쟁상대화하는 것을 달가워하지 않는 등의 이유들이 있을 것이다.

중국의 입장에서 외국인에 대한 봉의식(鳳意識)은 비단 잠재적인 의식에서 뿐만 아니라 실질적으로 표면화되고 있는 것도 중국개방정책이 가진 성패의 여부와 관계없이 중국을 경영하는 하나의 방법적인 것인지도 모른다.

많은 한국기업들이 중국을 다녀와서 중국사회의 구조적인 모순을 지적한다. 그러나 중국의 변화를 이끌어낼 만한 세력이나 동기는 없다. 중국 스스로가 변화하는 날을 기다려야만 한다는 점에서 한국은 약소국이라는 의식이 들기도 한다.

단일환율제도의 실시를 통해 외화태환권을 없앤 배경에 중국의 GATT(관세와 무역에 관한 일반협정) 복귀라는 과제가 있듯이 중국인의 외국인 봉의식도 중국의 국제화가 더 진행되는 과정에서 조금씩 사라질 것으로 생각된다.

그러나 과연 중국의 중화의식마저 변할 것인가? 결코 그렇지는 않을 것이다. 중국이 경제적으로 부강해질수록 세계의 중심이라는 의식은 더 표출될 것이다. 그래서 지금은 긴장할 때라고 보는 것이다.

경제발전과 납치 · 인질사건

중국어로 납치 · 인질을 「방표(綁票)」라고 한다. 70~80년대 초반까지만 해도 중국신문에서 이 용어를 찾기가 어려웠다. 그런데 요즘은 아주 심심치 않게 이 말이 등장하고 있다. 중국의 「인질현상」은 이제 곤혹스런 사회문제가 되고 있는 것이다.

문제의 심각성은 인질 관련 사안(事案)들의 상당건수에 중국 공안 인원(公安人員)들이 개입되어 있다는 점이다. 경찰이 좀도둑 정도가 아닌 강도가 되고 있는 것이다. 사건이 발생하고서 이를 합법적인 것으로 은폐하는 예도 잦아지고 있다. 법을 앞세운 강도들이 많아지고 있는 것이다.

이러한 사태로 인해 중공중앙정법위원회(中共中央政法委員會)와 공안부(公安部) 등에서는 최근 수차에 걸쳐 공안 인원의 경제분규에 개입해서 직권을 남용하는 것을 엄금한다고 발표하고 있다. 그러나 별 신통한 효력이 없는 것처럼 보인다. 오히려 외부에서 보기에는 역시 문제가 심각하구나 하고 느끼게 할 뿐이다.

그래도 공안부는 공안기관의 간부가 참여한 인질사태가 늘어나는 등 비난사태가 이어지자 이 부분을 최근 중국전역에 불고 있는 반부패운동과 연결시켜 공안부 내의 중대사안으로 취급하고 있다.

그래서 최근에는 공안부 인원이 개입된 유사사건에 대해서는 관할지역 사법기관 인원을 최대한 배제한 채 처리하는 비상수단을 강구하고 있다고 한다. 한 마디로 유유상종의 휴유증을 막아보겠다는 제 살깎기를 하는 것이다.

「인질사건」이 본격적으로 증가하기 시작한 것은 80년대 중반부터다. 중국남부 광동성 검찰기관의 통계에 따르면 1990~1992년에 매년 50% 이상의 사건발생률이 증가되고 있다고 한다.

광동성뿐만 아니라 다른 도시·농촌지역에서도 유사사안은 계속 발생한다. 상해의 소식통에 따르면, 1993년 1/4분기 동안 인질형 범죄 건수가 전년 전체 건수의 50% 이상에 달했다. 이 숫자는 검찰기관에 접수된 건을 기준으로 한 것으로 실제 신고되지 않은 예까지 합하면 그 규모는 더욱 많아질 것이다.

인질행위의 원인은 대부분 경제활동에서 비롯되고 있다. 돈맛을 알게 되면서 생긴 부작용 중 가장 악질적인 파급현상 중의 하나일 것이다. 그래서 대부분 돈을 둘러싼 각종 분규 등 복잡한 인과관계가 개재되어 있다.

인질당한 사람들의 신분도 각양각색이다. 공장장이나 고급간부·군인·홍콩·대만상인들, 심지어 중국의 국회라고 할 수 있는 인대대표(人大代表)나 정협위원(政協委員)까지 있다.

연령별로도 갓 태어난 아기에서부터 고희(古稀)를 넘긴 노인까지

다양하다. 대부분의 채무관계가 그렇듯이 부모형제 간이나 친구 간이 많고 심지어 처자식·직장상사·부하 등 이해관계가 가까운 대상들이 모두 포함되고 있다.

앞에서 지적한 바와 같이 이러한 인질행위의 상당부분은 공안·사법기관 간부들이 개입되어 있다. 어떤 경우는 당정기관(黨政機關)에서도 관여한다. 더욱이 이들은 자신들이 민간인을 관리할 수 있다는 이점이 있음을 이용해서 사건의 처리방법에 대해서는 매우 당당한 입장을 취하고 있다.

경제범죄를 조사한다는 명목이 있다는 것이고 불법구금은 아니라는 것이다. 인질이 되었건 범죄자로 잡혀갔건간에 합법적이라는 말의 외투로 치부를 가리고는 범죄자를 색출하여 채무관계를 해결하려 한다.

중국에서의 이와 같은 인질현상 배후에는 경제원인뿐만 아니라 그로 인해 발생하는 복잡하고 심각한 사회문제가 숨겨져 있다. 상품경제가 확산되면서 민간의 경제활동이 증대되고 있다는 사실이 기본적으로 사건을 불러일으킬 소지를 안고 있는지도 모른다. 더 중요한 것은 현행 중국의 법률이나 이의 적용체계로는 이 모두를 커버할 수 없기 때문에 무리가 따르는 것으로 보인다.

채권·채무의 관계가 복잡하게 얽힌 데다 금액이 적은 경우는 신고해도 처리가 안된다. 금액이 클 경우에는 판결이 난다 해도 집행까지 이르는 과정이 너무 어려운 것이 현실이다. 물론 돈 떼먹기 좋은 환경에서는 떼먹는 것이 상책이라는 의식도 깔려 있다. 합법적인 채권자의 권익은 보호받지 못하고 오히려 엉뚱하게 인질극의 당사자로 휩쓸리는 경우도 많다.

경제분규와 직권남용, 또는 경제분규 속에 교묘히 스며드는 관리권한과 뇌물의 상관관계가 의외로 심각함을 보여준다. 이미 홍콩·마카오 기업들뿐만 아니라 대만기업들 중에도 채무자의 임의적 감금사태나 현지 공안기관과 결탁한 합법을 가장한 납치, 그리고 강제채권포기 각서 서명사태는 늘어가고 있다.

홍콩의 신문에는 심심치 않게 적게는 며칠, 길게는 몇 달씩 강제구금을 당하고 체벌까지 가해진 채 반병신이 된 기업인들의 사연이 실리고 있다. 중국신문에서는 이런 이야기를 찾기가 쉽지 않다. 일단 한번 당하고 나면 하소연할 곳이 없다. 물론 돈은 2차적인 문제가 되고 몸만 버리는 것이다.

현지에 투자한 홍콩기업 중에는 중국측 파트너의 전문적인 「밀어내기」 수법에 당한 예가 얼마든지 있다. 폭력배를 동원하여 린치를 가하고 기업양도각서에 서명하도록 강요하는 것이다. 이 과정에서 납치·인질극도 생겨나고 심지어 상해(傷害)·살인사건까지 발생한다.

언뜻 생각하기에 한국기업 중에서도 이런 사태를 당하는 사례가 나타나지 않으리란 법이 없는 것 같다. 높은 개연성(蓋然性)에 대해 적절한 대책이 없는 것도 사실이다.

경제발전이 불러일으키고 있는 각종 사회문제들은 의외로 심각하다. 중국사회의 변화 가운데 악요소(惡要素)의 발전을 간과하고 중국과의 비즈니스를 할 수는 없다. 그래서 편법을 사용한 비즈니스라해도 빠져나갈 구멍은 마련하는 지혜가 필요하다. 수교가 되었다고 해도 넓은 중국 땅에서 쥐도 새도 모르게 증발되는 사태까지 우리 정부가 책임질 수 있는지는 의문이다. 두려운 일이다.

코끼리 중국

중국을 다녀온 사람마다 중국을 평가하는 이야기는 너무나 다르다. 이렇게 평가의 차이가 있다는 사실은 달리 해부(解剖)해 보면 그만큼의 다양성이 있다는 의미이기도 하다. 실제 그러한 변수요인으로 인해 중국이란 나라의 전체 모습을 보지 못한다고도 할 수 있다.

한국에서 중국은 이제 너무나 가까운 이웃이 되고 있다. 그래서 우리의 중국여행도 그 목적이 다양해지고 있다는 현실적인 이유도 있다. 80년대 중·후반경까지 우리는 체육·사회·문화적인 활동, 국제기구의 행사 등 정부의 허가를 받지 않는 사안을 제외하고는 중국여행이 어려웠다.

당시는 어떤 지역을 가더라도 불안이 앞설 정도로 중국은 여전히 철의 장막, 죽의 장막 속에 있었다. 우리는 그 새장 속으로 들어간다는 사실 하나 만으로도 기대와 호기심, 불안과 두려움을 가졌던 시절이다.

그 당시 중국을 보고온 사람들은 한결같이 중국이 아직도 자유로운 국가는 아닌 것 같다는 이야기를 했다. 경제적으로 발전을 하려고는 하는 것 같은데 아직 눈에 보이는 결과는 나타나지 않은 것 같다는 평가도 했다. 대부분의 사람들이 북경이나 상해 등 대도시를 중심으로 중국을 보았고 백두산(중국에서는 長白山으로 부른다)까지 가는 것은 크게 엄두를 못낼 정도였다.

그러다가 80년대 후반부터 우리 기업들이 서서히 중국시장에 눈을 뜨기 시작하고 이른바 기업의 눈으로 보는 중국시장이란 개념이 강력히 대두되었다. 정치적으로도 한국 내 북방정책이라는 대(對)사회주의권 외교활동이 있기는 했지만 대소련·동유럽 외교와는 달리 대중국 외교는 경제활동이라는 실질적인 문제가 개제되어 있었다.

이때만 해도 일반인의 인식은 사회주의 중국이라는 적대개념이 차지하고 있었다. 여행을 다녀온 사람들이 조금씩 중국경제의 발전속도를 이야기하고 중국투자가 거론되기 시작하고 우리와는 상이한 제도와 관습일망정 그속에서 황금의 땅「엘도라도」를 보기 시작한 시절부터 중국은 서서히 그 이전의 통일된 평가로부터 탈피했다.

중국을 보는 시각은 어느 지역을 가느냐에 따라 달라질 수 있다. 지역적으로 도시를 중심으로 정해진 스케줄대로 여행을 한 경우와 도시와 농촌을 불문하고 비즈니스를 엮기 위해 숱한 고생을 한 사람들, 동북부를 중심으로 북경과 백두산을 메인타겟으로 한 여행자들과 상해·항주(杭州)·계림(桂林) 등 좋은 이국의 풍경을 구경하려는 사람들, 홍콩구경과 겸하여 중국 중에서는 가장 발달된 곳이라는 광동성 등 인근지역과 사업을 벌이려는 사람들, 연해·내륙지역을 불문하고 비즈니스가 될 만한 곳이라면 훑고 지나가는 이른바 종횡

파들 등으로 나뉜다.

이들의 중국에 대한 평가가 같을 리 없다. 60~70년대 이전의 한국과 같다, 사람이 너무 많다, 경제발전속도가 빠른 것 같다, 너무 불친절하다, 뙤놈들은 상대할 사람들이 아니다, 요즘은 전부 돈독이 올라 있는 것 같다, 가도가도 끝이 없을 정도의 땅이 부럽다, 아직 국제화되려면 멀었다, 우리 같으면 하루에 끝낼 일을 일주일·열흘씩 끄는 게으름뱅이들이다, 사회주의가 좋기는 좋은가 보다, 놀고 먹는 데는 일가견이 있는 민족들인 것 같다, 산이란 산은 다 깎아서 공장이나 빌라 짓는 것을 보니 우공이산(愚公移山)이 거짓말은 아니더라, 친척들 사는 것을 보고 눈물만 흘리다 왔다는 등등의 사연이 있다.

크건 작건 중국과 장사를 하는 기업인들이 내놓는 경제적인 평가도 일관(一貫)되어 있지는 않다. 『장사할 것이 무궁무진하다, 이렇게 중국이 크다가는 한국은 몇 년 못견디겠다, 중국사람들 돈에는 귀신이다, 후안무치(厚顔無恥)한 놈들이 사기만 친다, 끈을 잘 잡아야 성공한다, 외국인 보기를 봉으로 안다, 일본은 싫다면서도 일본 물건만 좋아한다, 고집불통이고 음험한 구석이 너무 많다, 그래도 이제 중국에서 장사해야 산다, 돈밖에 모른다, 중국에서 장사하기 어렵다는 데 오히려 한국보다 나은 점이 많다, 기준이 없고 상황에 따라 반응이 다르다, 약해 보이면 마구 치고 들어온다, 중국장사를 하려면 중국음식부터 잘 먹어야 되겠고 술도 잘 안하면 안 되겠더라, 합리적으로는 설명이 안된다, 중국장사하려는 사람은 말리고 싶어』라고 하는 식의 원색적인 기준이 정해지기도 한다.

지역에 따른 다른 견해들도 나온다. 남쪽장사(중국 남부)를 많이 하는 사람들은 이 지역에 중국 중에서도 외형적인 발전이 가장 급속한 곳이다보니 두려움을 이야기하는 때가 많다. 우리의 60~70년대 니하는 식의 이야기는 아예 없고 조만간 빠른 속도로 우리 뒤를 쫓아올 것이라는 두려움이 섞인 평가를 한다.

북경이나 천진(天津)·상해지역 등 대도시지역과의 사업을 하는 사람들은 대부분 이런 의견들이 많다. 심지어 한국에 있는 부산이니 대구·대전·광주 등보다도 훨씬 큰 도시, 즉 서울과 비슷한 정도의 도시가 중국에는 수천 개씩 생겨날 것이라는 전망을 하기도 한다.

도시에서 짧게는 몇 시간에서 길게는 십여 시간 이상 떨어진 지역과 비즈니스를 하는 사람들은 약간 다른 입장에서 중국을 본다. 사회간접자본이 잘 정비되어 있지 않다는 점은 중국의 치명적 약점이라느니, 도시를 빼면 농촌지역은 아직도 멀었다는 식이다.

현상의 문제를 들어 아직은 사회주의니 이미 자본주의화되었느니 하는 평가의 분기(分岐)현상도 나타나고 부자나라 또는 가난한 나라라는 평가를 가지고도 충분히 서로가 예를 들먹이며 증빙(證憑)할 수 있는 상황도 벌어진다.

중국에 대한 각종 평가는 이처럼 뭔가 정리되지 않은 불균형의 상태에 있는 경우가 흔하다. 이쪽을 중심으로 보다보면 기둥이 있고 어떤 때는 평평하게 머물 만한 고원지대도 나온다. 말랑말랑하기도 하고 너무 딱딱하기도 하다. 날카로움도 있는 것도 같고, 근간(根幹)을 이루는 요소들이 비슷한 형태인 것 같기는 해도 각각 역할이 다르고 적용도 다르다.

우리·속담의 「장님 코끼리 만진다는 식」으로 중국은 보는 이의 직·간접적 경험에 의해 불완전한 모습으로 나타나기 일쑤다. 이런 것을 모두 합쳐서 한 마리의 코끼리를 만들어 놓더라도 이 문제는 끝까지 우리를 괴롭히는 불안요인이 될 공산이 큰 것도 같다.

지역마다 산재한 코끼리들의 모습도 고려해야 하는 시점이다. 이제 비즈니스는 중국과 하는 것이 아니라 중국 내에 있는 수도 없이 많은 지역들과 해야 하는 것이다. 장님이 되지 않으려면 한시 바삐 개명(開明)해야 한다. 우리가 중국과 가까워질수록 말이다.

강도(强盜)·강도(江盜)

중국의 치안은 문제가 없는가? 이 질문에 대한 답변은 단연코 노(No)다. 각 지역에서 벌어지는 각종 사회범죄들로 인해 중국은 썩어들고 있다.

사람이 사는 동네에서 죄(罪)가 없다는 것, 또 죄를 저지르지 않는다는 것은 기대하기 어렵다고 하지만 이 현상들이 워낙 심각하게 대두되다보니 중국정부도 신경이 극도로 날카로워져 있다. 전국공안회의(全國公安會議)에서 조직범죄·사회범죄의 근절문제가 공공연히 대두되고 있는 것을 보면 알 수 있다.

이런 범죄에 대한 피해자가 비단 중국인에만 그치지 않고 외국인에게까지 파급되고 있는 현상은 우려할 만하다. 비즈니스 출장이나 관광을 가는 사람들이 늘어날수록 범죄의 폭증은 문제가 된다.

1993년 말 사천성에서 있었던 싱가포르 비즈니스맨 살해사건은 그런 좋은 예다. 밤늦은 시간 성도(成都)공항에 도착하여 호텔로 가기 위해 택시를 탔다가 택시기사와 조수에 의해 살해된 후 매장당한 사건이다. 우연히 시체가 발견되었기 망정이지 쥐도 새도 모르게 고혼(孤魂)이 될 뻔한 케이스다.

더 참혹한 것은 얼굴을 알아볼 수 없게 불로 훼손시켜 가족들이 확인하는데도 상당한 애를 먹었다. 이 사람이 싱가포르 전국상련총회(全國商聯總會)의 사천성 투자고찰단 중 1인이 아니었다면 아마도 사건은 쉽게 해결되지 못했을 것이다.

외국투자기업들 중에는 별도 고용하는 경비인력 비용지출이 늘어남을 하소연하는 사람들이 많아지고 있다. 자재창고가 털리는 것은 예사고 총경리(總經理, 사장) 집무실의 컴퓨터니 사무용구가 깡그리 없어지는 경우도 흔하다. 그래서 정문에 보초는 별도로 있고 공장 내 심지어 지붕 위에까지 사람이 올라가 감시를 한다. 그래도 털리고 있다.

광동성 H지역에 투자한 한 대만기업은 어떤 이유인지는 모르나 밤마다 수십 명씩 떼거리로 몰려와 공장에 돌을 던지는 통에 유리값조차 감당하기 어렵다고 한다. 불성실을 이유로 해고당한 직공들의 난행으로 짐작이 될 뿐이다.

이것은 그래도 점잖은 편이다. 아예 대낮에 칼을 들고 사무실로 쳐들어오는 경우도 있다. 지방인 경우 경찰(공안)은 사태가 어지간히 험악하지 않으면 오지 않는다.

중국연해·내륙 간 상품수송을 하는 트럭기사들은 반드시 칼이나 호신용 무기를 가지고 다닌다. 트럭 뒤에 짐을 잔뜩 싣고 가다보면 길이 통나무로 막혀 있어서 잠시 정지하는 사이 어김없이 목에 칼이 들어온다. 트럭째로 강탈당하는 경우도 흔하다. 양심 있는(?) 도둑들은 짐 위에 올라가 차가 달리는 사이 도로에다 하나씩 짐을 떨어뜨린다. 그렇다고 트럭기사가 차를 멈추어 이를 말릴 수도 없다. 죽기는 싫은 것이다.

장거리 버스의 경우도 이런 일은 종종 있다. 지난해 광주-산두(廣州-汕頭)간 버스에서 집단약탈당하는 사건이 벌어졌다. 버스를 막고 6~7명의 청년이 올라와 승객들을 협박한 것이다. 그중 2명은 총을, 나머지는 칼과 수류탄을 들고 있었다. 18명의 승객을 위협하고 인민폐 2만 1,000위안, 귀금속 4점을 강탈해 갔다. 범인들은 한 달이 지난 후에야 모두 체포되었다. 최근 이 구간에 순찰이 강화되기는 했으나 위험을 느끼기는 마찬가지다.

지역에 따라 약간씩 다르지만 도시 강도의 대부분은 농촌 출신 무직자들이고 시골지역에서 발생하는 사건 중 상당수는 현지 농민들이 범인이다. 도농 간의 생활격차 문제는 이렇게 심각하다.

최근에는 강도(强盜) 뿐만 아니라 강도(江盜)도 횡행한다. 주로 하천운송이 발달한 양자강 지역에서 이런 사건은 흔하다.

중국에서는 황하(黃河)는 어머니강, 양자강(楊子江, 長江)은 아버지강이라고 한다. 황하가 중국문명의 태동을 가져온 요람이라면 장강은 풍부한 농·수산물의 생산지로 중국인의 생활을 있게 한 젖줄 구실을 했기 때문이다. 그래서 물동량도 어마어마하다.

공식적으로 공안에 접수되는 강도사건만도 연간 300여건 이상에 이른다. 신고되지 않은 것까지 합하면 1,000여건 이상이다. 매일 2~3건 정도의 크고 작은 강탈사건이 벌어지는 셈이다.

피해자들의 경우 어지간하면 후환이 두려워 신고를 안 한다. 중국에서는 사건을 만들어 이로울 것이 없음을 잘 알고 있는 선주(船主)들이 지레 쉬쉬하는 경우가 많다. 아예 조직범죄단에 일정 비율을 상납하며 경호를 부탁하는 예도 있다.

강도의 대부분은 농민으로 파악된다. 장강연안의 농민들은 생계를 위해 공장용 원재료나 석유 등 연료들을 중점적으로 노린다. 지방의 향진기업이나 개체호(介體戶, 중국의 개인기업 중 7명 이하의 근로자가 있는 사업장은 개체호, 그 이상일 경우 사영기업이라 한다)들이 이를 부추기는 측면도 있다. 그러나 근본원인은 역시 농민들의 생활문제와 부족한 산업물자에서 비롯된다.

근래 들어 조직범죄단이 형성되면서 집단노략질[哄槍]도 흔하게 일어나고 있다. 미리 배의 선원들과 결탁하여 의도적으로 물자를 빼돌리는 경우도 있다. 이런 경우는 사건이 신고된다 해도 해결될 가능성이 거의 없다.

산적이나 해상강도(海盜)도 늘어난다. 특히 바다에서 벌어지는 일종의 전쟁 비슷할 정도의 격투들도 심심치 않게 발생한다. 1993년에는 북한선(北韓船) 고말산호가 중국남부의 복건성 해안에서 해상강도들에게 물건도 빼앗기고 선원들도 곤욕을 치르는 사건이 발생한 적도 있다. 남북 간의 내륙수송이 원활치 않다 보니 로컬 해상운송이 많아 자연 이를 노리는 떼거리가 생겨나게 된 것이다.

중국에서 강도를 당하지 않기 위해서는 가급적 장거리를 도로로 이동하거나 저녁 늦은 시간의 지역간 이동은 피해야 한다. 자칫하면 목숨까지 위태롭게 되는데 이는 심각한 문제라 하겠다. 이는 전체 중국으로 볼 때, 다소 과장된 일면이 있으나 결국「만사불여(萬事不

如) 튼튼」이라는 말을 따르는 것이 좋을 것이다.

　중국의 사회범죄는 상당히 심각한 것으로 평가되고 있다. 자나깨나 몸조심을 해야 할 필요성이 점점 높아진다. 투자기업의 경우는 이러한 중국 내의 범죄 메커니즘에도 충분한 지식을 갖추라고 권하고 싶다. 중국도 치안문제에서는 결코 안전지대라고 볼 수 없다.

제2장

중국 비즈니스를 위한 ABC

천부적 협상꾼 중국인

중국인을 동양의 유태인이라고 하는 것은 사실이다. 그러나 중국인과 유태인은 다르다.

중국은 국가 이름이 시대에 따라 변했지만 그래도 기반을 둔 땅이 있었고 이를 통해 「꾼」으로서의 체질을 거듭 승계했다는 가장 큰 장점이 있기 때문이다. 단점이란 중국이 사회주의체제로 돌입한 이후 대외(對外)접촉기회가 적었고 또 사회주의가 변화시킨 체질들도 있는 점을 들 수 있다.

그렇지만 우리 속담의 씨 도둑질 못한다는 말처럼 10여년의 왕성한 대외경제활동은 중국인에게 잠재해 있던 장사꾼·협상꾼으로서의 능력을 되살려주고 있다. 사람에 대한 연구로 따지자면 서양보다도 동양쪽이 그 깊이가 있다. 더구나 그 원류(源流)도 바로 중국이다. 중국인은 후천적으로 체득했다기보다도 천부적인 능력을 갖춘 사람들이라고 할 수 있다.

중국인의 상담술(相談術)을 공식화할 수는 없지만 몇 가지 주요한 특징을 중심으로 살펴보면 대략적인 이해가 가능하다.

우선 중국인은 상담에 임할 때 매우 느긋하게 교섭하는 것이 체질화되어 있다. 이를 두고 중국인의 만만디(慢慢的)한 특성이라고 하지만 이것을 전부로 인식하는 것은 매우 위험한 발상이다. 이익이 눈앞에 있을 경우에는 이「느리고 천천히」라는 말은 사라진다.

대체로 처음 상담에 임하면 중국인들은 별 반응이 없는 경우가 흔하다. 무반응은 상대를 매우 당혹하게 하는 요소이지만 중국인의 보따리는 잘 묶여져 있어 펼치는 데 상당한 시간을 요한다.

그 만남이 어떻게 이루어졌는가도 중요하다. 꾸안시가 있는 기업이나 사람으로부터 받은 소개장의 효력은 대단하다. 물론 소개장을 얻기는 어렵다. 그러나 이렇게 해서 자리가 만들어졌을 경우 상담은 상당히 수월해진다.

중국인의 신용에 대해서는 상반된 견해가 있지만 대체로 구두약속이나 신용이 중시되는 점은 분명하다. 중국인들이 거래파트너를 선택할 때 통과의 첫째 기준은 바로 신용이다. 기업의 대소나 능력은 그 다음에 따질 문제다.

홍콩이나 대만기업들과 거래하는 한국업체 중에는 계약서도 없이 물건을 실어내면서 10여년 이상씩의 장기간 거래관계를 맺고 있는 파트너십을 흔히 볼 수 있다. 이를 다른 시각에서 보면 중국은 아직도「국제 상관습」이 정착되지 않았다고 볼 수도 있다.

여러 경우들이 발생하지만 중국기업들이 확실한 답변을 하는 경우는 좀처럼 보기 어렵다. 불확실한 약속이나 합의를 남발하는 경우가 많다. 중국의 하오(好)·커이(可以)·메이꾸안시(沒關係) 등은 이를 대표하는 말로 보면 될 것이다. 이 말은 상대의 의사에 대한 동의를 의미하는 것이 아니다. 단지 그럴 수 있다는 개연성만을 이야기하는 것일 뿐이다.

중국인이 철저한 것은 「금전감각」이다. 현금으로서의 돈을 선호한다. 또 중국인에게는 화비삼가(貨比三家, 적어도 세 군데의 품질, 가격 등을 비교한 후에야 하는 구매)는 체질화되어 있다.

역(逆)으로 물건을 사는 사람을 보고 가격을 정하는 경우도 허다하다. 대량주문에는 가격인하가 따르는 것이 상례(常例)이겠지만 실제 대량주문자는 재력(財力)이 있다는 전제하에 더 비싼 값을 부르는 예도 있다. 언뜻 정석(定石)이 없는 것처럼 보이기도 한다.

한국이나 일본의 경우 상담장소가 술자리로 넘어가는 예는 지극히 당연하다고 볼 수 있다. 중국에서도 식사를 곁들인 술자리가 벌어진다. 접대자리에서 타협안이나 양보가 나올 소지가 있는가 하는 점에서 보면 중국인과의 술자리는 비즈니스와 접대가 분리되는 경향이 높다. 단 술자리의 매너에 따라 관계조성 여부가 결정되고 민감한 반응이 그 다음 상담으로 이어지는 예는 많다.

중국에도 요즘은 가라오케가 허다하여 한국기업들이 중국인을 접대하는 자리는 1차 식당, 2차 가라오케 하는 식으로 되고 있다. 중국의 도시에서 저녁에 해지고 난 후 움직이는 것을 기대하기 어렵다는 점을 생각하면, 이것은 중국인의 상담습관을 변화시키는 중요한 요인으로 작용한다.

그렇지만 술자리는 친해지는 계기 이상도 이하도 아니다. 중국에서는 술과 담배는 공유한다는 개념이 있고 그것이 접대라고 보기보다는 파트너에 대한 예의라고 보는 것이다.

사회주의 중국이란 개념도 중국인과의 상담에서는 빼놓을 수 없다. 중국기업의 경우 실무자와 경영층 간의 공동 책임의식이 강하며, 상호 동등한 입장에서의 의견수렴이 철저하다.

그러다보니 종종 상담의 실세가 누구인지를 파악하지 못하고 상담장에 앉아 있던 엉뚱한 사람과 긴 이야기를 늘어놓는 사태도 벌어진다. 이쯤 되면 실무담당자 또는 결정권자에 대한 미엔쯔(面子, 체면)를 훼손하는 행위가 됨은 물론 상담은 아무런 효력도 발휘하지 못한 채 허사가 되는 예가 허다하다.

엉뚱한 중국측 책임자를 붙들고 진행시켰던 상담이 전혀 무의미했음을 확인하고 다시 진짜 책임자와 이야기를 하는 데 한정된 상담시간을 모두 허비해버린 사례는 흔히 볼 수 있다. 얼마 남지 않은 부족한 시간에 쫓겨 상담을 하다보면 손해를 보는 것은 불문가지(不問可知)다.

한국기업들이 중국에 투자하는 과정에서 흔히 볼 수 있는 일로서 이런 예도 있다. 적게는 몇 개월에서 길게는 1년 이상 실무자와 중국기업 간 투자상담을 벌여놓고 막상 최종 계약서를 검토·사인하러 갈 경우는 실무자가 빠진 채 사장이나 전무·부장들이 간다.

이렇게 되면 아무리 상세한 브리핑을 했다 해도 제대로 된 결과를 얻기 어렵다. 중국파트너는 이런 사실을 누구보다도 먼저 눈치를 채고 넌지시 이 약점을 이용한다. 중소기업에서 흔히 볼 수 있는 일이지만 이런 경우는 당해도 싸다는 생각이 든다.

비즈니스 상담준비에서도 중국측의 준비가 더 완벽하다. 중국측의 기준이 상(上)·상중(上中)·중(中)·중하(中下)·하(下)의 기준이 있다면 한국기업은 상중하만 가지고 있는 경우가 많다. 성질이 화끈한 탓인지도 모른다. 결과는 실컷 좋은 조건으로 붙였다고 생각해도 중국측의 중(中) 수준밖에는 못따내고 만다.

상담술은 비즈니스에서 최고의 학문이라고 할 수 있다. 여러 이유들이 있기는 했지만 처음부터 자기가 잘났다는 식의 이야기를 해서 아무런 이득이 되지 못하는 것이 중국인과의 상담이다. 물론 지나친 저자세도 역효과를 낸다. 예컨대 중국인과는 무색무취(無色無臭)한 마음으로 자연스러움을 유지하는 것이 비결일 것이다. 성급하게 화를 내거나 섣부르게 설득을 하는 경우는 십중팔구 깨지거나 당하게 된다.

통역과정에서 벌어지는 오해들도 많다. 통역하는 사람이 전문용어를 몰라 의사전달이 잘 안 되거나 통역이 있는 말조차 그대로 전달하지 않아 결과적으로 서로를 불신하게 만든다든지 하는 예는 우리가 넘어야 할 또 하나의 장벽이기도 하다.

인치(人治)를 대변하는 꾸안시

중국사회를 설명하면서 빼놓을 수 없는 말 가운데 「꾸안시」는 그 중요도가 특히 높다. 관계란 흔히 영어의 릴레이션십(relationship) 정도로 번역할 수 있기는 하지만 실제 사회적용에서 꾸안시의 범위는 상상할 수 없을 정도로 넓다.

계층적인 측면에서도 상하를 가리지 않음은 물론이고 업종의 구분이나 남녀노소의 차별도 없다. 중국 특유의 사회규범에다 동양적인 정리(情理)까지 가미되어 있다. 그러므로 합리적인 사고로는 도저히 설명이 불가능할 때도 많다.

꾸안시를 설명하려면 중국사회의 구조를 짚고 넘어가지 않을 수 없다. 중국사회는 법치국가로 보기에는 무리가 따르는 부분이 많다.

차라리 인치(人治)에 가까운 요소가 많다고 하는 편이 옳을 것이다. 정치적인 해결이 법리적인 해석에 의하기보다는 미묘한 입장의 차이들로 해결되듯이, 잡다한 사회문제들도 그러한 방법으로 해결하는 경우가 많다는 의미다.

그렇다면 중국은 왜 법치의 틀을 잘 꾸미지 못했는가 하는 문제를 짚고 넘어가야 한다.

중국의 법률은 대개 7단계의 발전을 거친 것으로 보는 것이 정설이다. 시기적으로 보아 1982년 이후의 법률작업을 하나의 단계로 볼 때, 다음과 같이 구분할 수 있다.

1) 1949~54년 구(舊) 법률체계 폐지 및 사회질서유지에 주력

2) 1954~57년 중화인민공화국 헌법제정·반포 및 초보적 발전기

3) 1957~66년 정치투쟁에 주력, 법률허무·법률취소의 사조(思潮) 등장

4) 1966~76년 문화혁명기, 헌법마저 무시당하는 무법천지의 시대로「최고지시」가 최고의 법이 되었던 시기

5) 1976~78년 4인방(四人幇) 문제의 종결 후에도 배회기 지속

6) 1978~82년 중공 11기 3전회 후 법치조건 구비를 위한 각종 법률·조례·지방성 법규 제정 및 반포(頒布)

7) 1982년 이후 1982년 헌법반포 및 1949년 이후 제정된 각종 법률에 대한 정리작업 개시

즉 중국의 현대사 중 20여년 이상은 법(法)이 존재하지 않는 시기, 글자 그대로 무법의 시대를 겪었음을 알 수 있다. 당시의 사회 분위기는 정책이 필요했지 법률은 필요 없으며, 정책이 법률을 대체하고 따라서 법률은 「속박수각(束縛手脚, 손발을 묶는, 즉 구속하는) 이상도 이하도 아닌 하급사상으로 전락해 있었던 것이다.

특히 문화혁명기(1966~76)는 그야말로 권위가 법이 되고 말로써

법이 폐지되는 상황이 중국전역을 풍미하면서 그나마 1949년 이후 일부 제정된 법제마저 모든 체계를 망실(忘失)하는 상황을 겪게 되었다.

이 과정에서 중국사회는 그 구성원 각자가 정서적인 고통을 안게 되고 실제 이는 오늘에 이르기까지 커다란 영향을 미치고 있다. 그로 인해 법률의 필요성에 대한 논란이 계속되면서도 오랜 준비기간을 거쳐 하나둘씩 반포되기 시작했지만 실제 사회질서의 근간이 되는 형법이 1979년, 민법이 1986년에 들어서야 제정되는 등 아직도 초보적인 단계를 벗어나고 있지 못하다.

경제법에서도 대외경제법이 가장 잘 정비된 것으로 평가되지만 대외관계를 위주로 한다는 점에서 이것이 사회전반의 흐름을 감싸안기에는 제한적인 법률임을 쉽게 파악할 수 있다.

이런 상태에서 중국은 법률면에서 볼 때 신생국가 수준을 벗어나지 못했다는 지적도 나온다. 최근에는 각종 법규들이 쏟아져 나오고 있지만 중복되거나「공백(空白)」현상을 보이는 부분도 여전히 많다.

이러한 역사적 사실에서 보면 중국의 법률부재 현상은 당연히 법치에 대한 소홀함으로 이어졌음을 이해할 수 있다. 유일하게 법치를 대체한 것이 있다면 바로 인치인 것이다. 인치는 중국공산당 체제하에서 혁명동지 간의 유대, 정치적 노선 간의 결속, 지역, 출신 간의 결합, 인척간의 연계 등 친소(親疏)의 경중(輕重)에 의한 법외적(法外的)인 질서를 의미한다.

이와 같은 풍조는 비단 정치권이나 지도계층뿐만 아니라 일반 대중에게도 폭넓게 전파되는 위력을 보였다. 지식계층의 하방(下放,

강제적인 지식인의 시골지역으로의 분산조치) 등 인적 혼재 요소와 기존 행정체계의 급격한 분쇄현상 등은 결국 인간 대 인간의 개인적인 관계를 강조하는 구조를 갖추게 만들었다. 그런 분위기 속에서 꾸안시가 자생한 것은 어찌 보면 당연한 일이라 하겠다.

꾸안시는 그래서 「인간적인 관계」로 정의되는 경향이 있다. 꾸안시 중시는 비즈니스뿐만 아니라 중국인의 사회생활 전반에 걸쳐 절대적으로 작용한다. 또한 개별적인 노력 없이는 꾸안시가 저절로 형성되는 경우가 별로 없다.

혹자는 꾸안시를 단순한 뇌물공여의 수준으로 파악하는 경향도 있는데 이것은 잘못된 것이다. 뇌물을 줌으로써 꾸안시를 형성할 수 있다면 그것은 중국사회의 꾸안시라기보다는 오히려 공범의식에 가까울 것이다.

꾸안시를 형성하는 방법은 여러 가지가 있겠지만 그중에서도 감정적인 유대형성이 뒷받침되어야만 성립되는 경우들이 많다. 그러다보니 중국에 대한 깊은 이해가 없으면 실제 좋은 관계는 유지되기 어렵다.

중국기업과 상담을 하는 데 내가 잘났다는 식으로 상담을 끝내고 돈 몇 푼을 주며 잘 해달라는 식으로 접근하면 백날을 붙어다녀도 결과는 마찬가지다. 사기를 당하지 않으면 결과가 좋은 것으로 볼 수 있다.

국내굴지 섬유업체인 H사가 북경지사를 설립할 때의 이야기다. 과거 비즈니스 관계로 친하게 지낸 중국 산동성의 모 섬유공장 부공장장인 중국인 Y씨는 H사의 L씨가 북경지사장으로 온다는 이유 하나로

휴가를 내어 사무소 개설에 필요한 모든 일을 함께 처리해 주었다. 자기가 알고 있던 친구를 소개해 주었음은 물론이다.

Y씨가 산동으로 돌아간 이후에도 L씨에게는 수시로 Y씨의 친구들이 전화를 해서 진행상황을 묻곤 했다. 돈을 바라거나 대가를 기대해서가 아니다. 소개받은 사람들 모두가 북경에서 내로라 하는 사람들이고 게다가 섬유비즈니스와는 전혀 무관하다. 그런데도 꾸준히 관심을 보였다. 이유는 Y씨가 소개했기 때문이다.

또한 꾸안시는 일본의 오야붕·꼬붕, 한국의 왕초·똘마니의 개념과도 차이가 있다. 꾸안시는 상하·남녀노소를 불문한다. 때로는 수평적인 관계에서, 또는 아랫사람에게서도 이 특수한 관계는 형성된다.

그러나 일반적으로 꾸안시는 상담의 테크닉이나 중국사회에 대한 기초적인 이해 등에 익숙해 있지 않으면 결과가 잘 드러나지 않는다. 그래서인지 이해가 어렵다는 사람이 많다. 어렵고 특유한 방식인 것만큼은 틀림이 없다. 이것을 체득하지 못하면 중국과의 비즈니스를 잘 하기가 무척 어렵다는 것은 분명하다.

미엔쯔(面子)론

꾸안시와 함께 중국사회를 이해하기 위한 키워드 중의 하나는 미엔쯔(面子), 즉 체면이라는 말이다. 구태여 사전적인 해석을 붙이지 않아도 체면은 얼굴로부터 시작해 그 사람의 사회적인 지위와 밀접한 관련이 있음을 알 수 있다. 서양인들은 명예를 버리기보다는 차라리 목숨을 버린다는 식의 결투도 했다지만 동양에서도 이 때문에 벌어지는 숱한 웃지 못할 일들이 많다.

동양민족인 우리의 입장에서 중국의 미엔쯔는 사실상 이해하기 어려운 요소가 아니다. 사회적인 약간의 관습 차이는 있을망정 우리들 대부분도 사회적인 지위에 걸맞는 대접을 언제 어떤 자리에서건 확보하려는 심리가 있고 이것이 깨지면 감정적인 앙금이 되는 경우가 흔하다.

중국에서의 미엔쯔 문제는 수시로 발생한다. 우리의 사회구조가 대체로 종적(縱的) 구성이라면 중국은 종횡(縱橫)의 습관이 혼재하고 있다. 이를테면 평등주의원칙과 관료적 습성이 함께 있는 것이다.

중국에서는 비공식석상의 경우 운전기사는 손님이 있을 때라도 거리낌 없이 모시는 상관과 함께 식사를 한다. 그것을 가장 부자연스럽게 느끼는 것은 한국이나 일본의 비즈니스맨들이겠지만 중국에서는「평등」은 지위고하를 막론하고 동등하게 적용된다.

문제는 중국의 이른바「예의」에서 파생하는 문제들이 우리가 익히 알고 있는 유교적인 관습에서 비롯됐다는 것이 아니라는 점이다. 중국은 사회주의 40년 동안 유교의 풍토를 버렸다.

격심한 문화대혁명을 치르면서 상하의 분별이 쉽지 않게 되었다. 문혁(文革)을 전후한 한동안의 계급의식을 갖는 어떤 행동도 스스로 삼가는 현상이 생겨났다. 이 점은 우리의 체면·얼굴이란 것이 유교적 사고에 기반을 둔 것임과 비교할 때, 상당한 차이를 보인다.

유교적인 사회에서 나타나는 남성의 여성에 대한 우위현상을 중국에서 찾아보기는 어렵다. 이는 중국이 유교적 상하개념을 가지지 않았음을 보여주는 좋은 예다. 일반적으로 과거 중국여자에 대한 인상은 전족(纏足)을 한 성적 노리개로서의 애첩을 떠올릴 수 있겠지만 실제 오늘의 중국에서 남존여비는 흔히 볼 수 있는 일이 아니다. 오히려 여자가 남자보다 기가 센 것이 현실이다.

그렇지만 사회주의 중국이 남녀의 완전평등을 내걸고 난 후에도 초창기에는 처첩문제·이혼문제 등을 둘러싸고 상당한 갈등이 있었던 것으로 알려진다. 전통적인 유교적 사고가 사회주의를 실시한다고 해서 일거에 없어지기는 어려웠다.

예를 들어 1950년 남녀 간 혼인의 자유실행을 위한 혼인법이 발표된 이후, 불완전한 통계이기는 하지만 1950~1952년 혼인문제로 피

살 또는 자살한 인구는 하북성 1개 지역에서만도 6,000명 이상에 달했다.

1949년 이후에도 중혼(重婚)·매매혼(賣買婚) 등이 공공연히 이루어졌고 여성의 사회적 지위는 개선되지 않았었다. 그러나 1960~1970년대에 걸쳐 문혁이 일어나 그 과정에서 남녀 간 평등은 확실하게 자리잡게 되었다. 비록 일부 농촌지역에서 아직도 남존여비의 풍조가 없는 것은 아니지만 전체적인 사회흐름을 뒤바꿀 정도가 되지는 못한다.

이처럼 여성이라고 해서 미엔쯔가 적용되지 않는 것은 아니라는 점에 유의할 필요가 있다. 한국기업 중 협상파트너가 여자인 경우 기본적으로 우월감을 나타냄으로써 상대방에게 불쾌감을 주는 경우들이 종종 있다. 변화된 중국사회를 이해하지 못한 탓이다.

또한 비즈니스에서 미엔쯔는 상대에 대한 존경을 의미한다. 언어 본래의 낮춤이 아니고 동등한 위치에서 상대를 고무(鼓舞)시키는 테크닉이 고도로 발달한 것이 오늘의 중국사회라고 볼 수 있다.

그래서인지 서로가 낯을 붉히는 행동을 가급적 삼가고 좋은 말로만 일관하는 상담들을 흔히 볼 수 있다. 상대의 미엔쯔만을 생각하다가 상담을 놓치는 경우가 있어서는 안된다. 오히려 성실하게 하나씩 따지는 자세도 필요하다.

이 같은 전략도 종종 먹혀들어간다. 그렇다고 그것이 정석은 아니다. 따지더라도 상대의 얼굴을 세워주면서 따져야 한다. 그렇지 않으면 그 뒤의 결과는 자명(自明)하다.

중국에서 급하게 전화 한 대를 가설해야 할 때, 무작정 담당자에게 돈을 집어준다고 전화가 금방 나오는 것이 아니다. 돈도 주고 그에 따른 명분도 함께 주어야 한다. 수출액이 큰 회사니까 반드시 전화가 한 대 있어야 한다는 등의 말은 부탁하는 측에서 제공해 주어야 한다. 그러면 그것을 구실로 전화는 손을 안쓴 다른 쪽보다 빨리 나온다.

이런 경우는 흔히 볼 수 있다. 대부분의 자본주의 선진국 출신(우리도 포함된다)들이 이러한 행위를 부정부패로만 이야기하는데 반드시 그렇지만은 않다. 필요한 측에서는 돈과 명분을, 그 상품을 제공해줄 수 있는 측에서는 그에 상응하는 유·무형의 보답을 주는 교환이 매우 자연스럽게 이루어진다. 이것을 미엔쯔의 한 종류로 보는 것이 지나치다는 반론도 있을 수 있겠으나, 이러한 교환은 그 방법을 알게 되면 너무나 자연스럽다.

미엔쯔와 꾸안시는 밀접한 관련이 있다. 실제 꾸안시도 미엔쯔라는 기본요소를 전제로 생겨난다. 나의 미엔쯔를 살리기 위해서는 가급적 여러 꾸안시를 통하여 일을 하게 되면 의외로 일이 쉽게 풀리는 경우도 많다.

우리의 연줄 개념과 유사한 면도 있으나 적용의 범위가 더 넓다. 중국인의 꾸안시와 연결된 문제는 신용이 첫째, 능력은 둘째라는 생각과도 연결된다. 신용도 능력도 관계없는 친소관계가 대부분인 연줄과는 이런 점에서 차이가 있다.

신용을 우선시하는 점에서 남녀노소의 문제는 커다란 의미를 지니지 않는다. 중국 상권에서 2세를 사업가로 만드는 과정에서도 미엔쯔·꾸안시·신용·능력의 관계함수가 적나라하게 보인다.

우선은 부모가 자식에게 자금을 대주어 사업을 하게 하고 실패하면 두 번째로 친척들도 함께 갹출하여 도와주고, 세 번째는 부모의 친구들까지 포함하여 돈을 대준다. 그래도 실패하면 내버린 자식으로 여겨버린다. 능력을 생각한다기보다는 「사람」을 중시하는 풍토라는 말이 된다.

비즈니스에서 미엔쯔는 사업의 성패와 직결된다. 자본주의의 상식과 중국사회의 특유한 상식에 차이가 있음을 인정하고 그들의 틀을 주의깊게 살펴보아야 한다. 물론 중국도 끊임없이 변하고 있다. 요즘에는 좋은 의미의 미엔쯔나 꾸안시보다도 나쁜 의미가 더 부각되고 있다. 역시 금전적 이해가 개입되고 있기 때문이 아닌가 한다.

뒷문 정문학(正門學)

중국에는 「뒷문으로 가는 것(走後門)」이라는 말이 유행이다. 굳이 유행이라는 말로 표현했지만 그만큼 보편화되어 있다는 뜻이다.

대부분의 사람들은 정문(앞문)이 들어가기 어렵다는 사실을 알고 있기 때문에 자연 뒷문을 선호한다. 결국 뒷문이 앞문이고, 앞문은 당연히 앞문으로 문은 항상 두 개인 셈이다. 좁은 문인지 아닌지는 차치하고 말이다.

뒷문을 나쁘게 인식하는 것은 이 같은 편법이 사회질서를 무너뜨리기 때문이라고 할 수 있다. 그런데 중국의 뒷문은 너무 자주 앞문의 역할을 한다. 법제도가 잘 정비되어 있지 않기 때문이라고 하기에는 석연치 않은 부분이 많다. 왜 이런 현상이 나타날까?

사회주의 실시 이전을 언급할 필요 없이 공산중국만을 두고 봐도 여기에 대한 배경설명은 쉽게 찾아낼 수 있다. 사회주의 실시 후 중국은 철저한 계획경제하의 공유제(公有制)가 실시되었다.

대부분 물자가 배급되는 시스템에서는 원가나 이익이라는 개념이 생겨나기 어려웠다. 이렇게 시장의 「보이지 않는 손」의 역할이 약화되면서 생겨난 것은 바로 권력기관의 통제기능 강화다. 각 주요기관·기업의 통제역할 증대는 사회유지에 반드시 필요한 부분이었다.

예를 들면 노동·인사계열의 관청, 의료기관, 상품소매, 유통기관, 차량이나 운송 등 부문이 그것이다. 이들과의 관계형성은 생활의 편리를 위해 필요했고, 통제도 법률적인 수단보다는 귀에 걸면 귀걸이 코에 걸면 코걸이(耳懸鈴鼻懸鈴)식이 강했다. 어쩔 수 없이 뇌물이나 금전 따위의 악요소가 개입될 수밖에 없었다.

한편 사회주의 중국에서 이러한 「관계」가 체제적인 형태로 변형되기는 했으나 그 밑바닥에는 오랜 기간 이보다 우선시된 사회의 혈연·지연 등 지역주의 경향과 같은 쉽게 해소될 수 없는 요소들도 중요한 역할을 했다.

중국사회를 혈연·지연을 무시하고 파악하는 것은 뼈와 살을 도려낸 허깨비를 보는 것과 마찬가지다. 눈에 드러난 현상만을 두고 깊은 이해를 하기란 불가능한 것이다.

중국은 긴 역사 속에서 많은 국가들과 왕조체제를 겪었다. 이러한 역사흐름 속에서 일반민중은 오히려 국가의 개념과는 별개의 친척이나 종족·향토애 등 지역을 중심으로 뭉쳤다. 이러한 것들을 통하여 국가의 흥망에 대해 초연함을 찾았는지도 모를 일이다.

그래서 중국사회를 나름의 규율이나 생산구조를 가진 단위사회의 복합체인 「공간사회」 또는 「틈의 사회」(고정형태보다는 정신적인 면이 중시되고 그에 따라 모든 메커니즘에 공간개념이 도입되는 사회)로 정의하기도 한다.

이러한 혈연·지연의 관계는 흔히 표면을 규제하는 법률이나 정책의 상위개념에 있다는 점을 착안할 필요가 있다. 정부가 발표한 법률이나 규정만 가지고 비즈니스나 정치·외교적인 교섭을 하는 것은 어리석은 짓이라고까지 한다.

혈연·지연관계를 제약할 수 있는 요인은 법률이 아니고 사람 간, 집단 간의 의리·인정·체면과 같은 관계다. 따라서 이를 기본적인 사회관념으로 두고 있는 집단에서는 국가의식을 찾기란 쉽지 않다.

뒷문의 개념은 이런 법률 외적인 곳에서 출발하여 사실상은 법률 범위 내에서 끝이 난다. 이는 시작이 법률과는 관계없는 「부탁」에서 연유하지만 마무리 짓는 형태는 법률 내에서 특별하게 무리 없이 해결된다는 말이다.

최근에 환하게 열렸던 뒷문 중 유명한 것이 바로 부동산 관련 은행의 융자다. 중국의 은행은 돈 꺼내 쓰기도 어렵지만 못 쓰면 바보라는 말을 들을 정도로 대표적인 이중성을 띠고 있다. 이런 속말은 물론 우리나라에도 있다.

몇 년 전까지만 해도 각 은행들이 수기(手記)통장을 사용하고 있었고 대출관리도 그렇게 까다롭지 않아 연간 결산을 할 때면 반드시 조그만 은행이라도 수백만 위안의 결손이 나기 일쑤였다. 한 마디로 서로 이가 잘 맞지 않아도 그냥 넘어가는 식으로 처리된 예가 많았다는 것이다.

그런데 요즘은 은행들이 점차 컴퓨터화되고 관리도 치밀해지고 있다. 그런데다 방만한 은행대출을 이유로 중앙정부가 은행에 대한 직접적인 규제도 가하고 있다. 1993년 하반기에 시작된 이른바 굉관조공(宏觀調控, 거시적 경제조정정책)이라는 정책은 이러한 은행의 부정적 대출을 중점적으로 겨냥한 것이다.

그런데도 이것을 쉽게 막을 수는 없다. 부동산개발 열기의 확산 원인이 엄청난 이익에 있기 때문이다. 홍콩·대만기업들은 중국 경제개발 속도에 비추어 각 지역 부동산의 등귀(騰貴)현상을 예견하고 부동산개발, 또는 개발된 주택·개발구·별장 등의 구매를 주도하고 있다.

이에 덩달아 중국기업들도 이런 시류에 편승하고 있다. 최근 들어 중국의 생산기업들도 부동산투자에 참여하기 시작하고 있고 외국투자기업들도 재(財)테크의 일환으로 부동산 구매에 적극적인 관심을 보이고 있다.

「땅을 볶아대는(炒地皮)」 현상이 일어나고 있는 것이다. 이 과정에서 은행과 개발기업(開發商) 간의 관계와 법률이 교묘히 결합하는 시기가 도래하고 있는 것이다. 법률이 우선시되지 않는다는 사실은 변하지 않고 있다.

우리기업의 경우는 이러한 현실에도 불구하고 중국관련기관과의 관계에 소홀한 측면이 흔히 있는 것으로 알려져 있다. 투자를 하고 난 후에도 세관이나 은행직원 등 관련기관들의 직원과 한 차례도 자리를 같이 하지 않는 것을 자신의 깨끗함으로 자랑하는 기업인도 있다. 물론 그렇게 해도 사업이 잘된다면 할 말은 없지만 그 이후가 문제다.

그러나 중국 내의 상식으로 이 경우는 당분간 문제를 피해 나갈 수 없다. 한 차례의 우호적인 관계를 형성함으로써 얻어질 수 있는 소득이 의외로 클 수 있는 동네가 중국이다. 또 과유불급(過猶不及)이라고 너무 지나친 경우에도 별반 이익이 없음도 사실이다.

물론 시도 때도 없는 찬조금 요청이라든지, 직원채용에 대한 노골적인 압력을 가해 온다면 그것은 별개의 문제다. 조절에 대한 판단은 기업의 몫이다. 지역과 주어진 상황 등 여러 변수요인이 정도의 경중을 구분시키기는 하지만 기본적으로 하고 싶은 이야기는 바로 이러한 일종의 관습에 대해 소홀히 할 수는 없다는 점이다.

중국에는 일을 수월하게 하는 두 개의 문이 있다는 사실을 아는 것이 중요하다. 지나치게 뒷문만 믿다가「피를 본(사기를 당한)」사례도 허다하다. 적절하게 이를 이해하고 스스럼없는 관계를 유지하여 문제를 무난히 풀어야 한다.

중국에서 가장 좋은 성격의 관리자가 되려면 마당발에다 얼굴에 철판이 몇 겹은 붙어 있고 신용까지 겸한 인물이어야 한다. 그만큼 이「뒷문 정문학」은 오늘의 중국에서 너무나도 중요한 공부거리다.

위조상품

　중국에 관광을 다녀온 사람들은 한두 점의 가짜상품을 안고 김포 공항에 내린다. 가짜 도자기·가짜 술·가짜 한약 등 종류도 다양하다. 가짜에 묻혀 진짜가 빛을 잃는다지만 왜 이처럼 가짜 상품이 중국에는 많은 것일까를 살펴보는 것도 재미있는 일이라 하겠다.

　중국신문의 가십란에 실린 풍자만화 중에는 이런 것도 있다. 가짜 상품을 만들어 생계를 잇는 남편이 대문을 열고 들어가려는데 아내가 묻는다. 『당신은 가짜 아녜요.』 도둑놈이 제집 찾아 들어가니 마누라가 도둑이야 하는 격이다.

　이름깨나 알려진 유명상품 가운데 상당수가 적게는 한두 곳, 많게는 수십 군데의 공장에서 생산된 유사제품이 섞여 있다. 미국의 닉슨 전 대통령이 마셔서 유명해진 마오타이주(茅台酒)도 예외는 아니다. 그 일 때문에 성(省) 사이에 상표분쟁이 발생하기도 하였다.

　근래 들어 가짜상품의 제조를 중국에 가르친 사람들은 아마도 홍콩인들로 생각된다. 중국에 투자하는 과정에서 해외유명상품이 제대로 생산되지 않고 있는데다 별반 관리도 소홀하다는 점을 간파한 홍콩기업들이 슬그머니 진짜 비슷한 제품들로 소비자들을 유혹한다. 해외로 수출되던 것이 이제는 중국 내에서 유행하는 것이다.

중국기업들도 본격적으로 이 사업에 참여하기 시작하면서 수법도 점차 조직화·분업화되는 현상마저 보여준다. 이들도 이제 조금 문제가 생길만 하면 과감히 공장마저 옮겨버리고 제조와 판매·유통을 각각 쥐도 새도 모르게 점조직으로 분리하여 운영한다.

전통적인 가짜제품들도 등장하고 있다. 관광객을 대상으로 파는 청대(淸代)니 명대(明代)니 하는 시대의 도자기들 가운데 99%는 진짜가 아니다. 그야말로 짜가짜가인 셈이다. 버젓이 호텔이나 국영 백화점, 상장(商場)에서 라벨을 붙여 파는 제품도 그렇다.

꽤나 많은 관광객들은 돈을 듬뿍 얹어주더라도 진짜를 달라고 해서 성공을 하는 예도 있다. 그것도 종종 가짜로 판명된다. 못믿을 세상이다.

중국에서 위조상품을 어떻게 생각하는가에 대해서는 이런 우스갯소리가 잘 이야기해 준다. 위조 고서화 판매상끼리 손님을 앞에 두고 싸움이 붙었다. 서로 가짜라는 것이다. 한쪽에서『야 임마 너도 가짜를 팔면서 왜 시비야』하니까 다른 쪽에서 하는 말이『모르는 소리. 이건 가짜라 해도 그 시대에 만들어진 가짜고 네것은 최근에 만든 거니까 가짜에도 구분이 있어야지』한다. 똥물에도 순서가 있다는 격이다. 그림뿐만 아니고 도장이나 조각 등도 마찬가지다.

악화(惡貨)가 양화(良貨)를 구축하는 그레셤의 법칙이 벌어지고 있다. 술의 경우 진짜 좋은 술은 제조에 시간이 최소 2~3년은 걸린다. 그러나 가짜는 며칠이면 만든다. 그러다보니 가격도 싸다. 진짜가 가짜와 가격이나 생산물량 등 모든 면에서 경쟁이 되지 않는다. 결국에는 가짜가 진짜가 된다. 진짜가 없어지면 가짜는 진짜 진짜 행세를 하게 된다.

지방정부도 세원(稅源)을 확보하기 위해 이 사실을 알면서도 모른 척 한다. 철저한 지방보호주의인 셈이다. 지방의 이익을 위해 법률을 위반할 용의가 있다고 지방의 수장(首長)들이 스스럼없이 말한다. 그래서 가짜상품 제조상들이 활개를 친다. 오히려 구린 데가 서로 있다보니 상호관계가 더욱 좋다. 서로의 이익을 위해 공동전선을 펴는 경우도 있다.

지적 소유권 보호는 세계적인 추세이기는 하지만 중국은 이 분야에 철저하지 못한 면이 많다. 물론 관련 법률도 공포되고 있기는 하지만 사회전반에 걸쳐 분위기와 관습들이 이를 잘 지키도록 하고 있지 않다. 그래서인지 미국이 지적 소유권과 관련해서 중국에 상당한 압력을 가하고 있다.

중국에서 제조된 가짜상품들은 중국 내에서 슬그머니 유통되기도 하지만 홍콩을 통해 버젓이 2차가공(상품부착 등)을 통해 수출되기도 한다. 심지어는 홍콩에서 나왔다가 다시 중국으로 들어가는 경우도 있다. 수법이 기기묘묘(奇奇妙妙)하다.

차시환혼(借屍還魂)과 같이 일시적으로 생산이 정지되거나 영업행위를 하지 않고 있는 상표를 이용해서 유사상표를 만들거나 아니면 아예 이 상표를 부착해 버리는 경우, 영어로 된 유명상표를 중국어로 교묘히 번안(飜案)하여 소비자의 착각 구매를 유발하는 경우,

예를 들어 유명한 시계 또는 만년필 상표를 라이터·의류 등에 사용하는 이화접목(移花接木) 수법, 공식등록이 되어 있지 않은 세계 유명상표를 생산·판매하는 이른바 빈집털이 등이 이런 예다.

최근에는 아예 화폐를 위조하는 경우도 있다. 사회주의 체제가 들어선 이후 수십 년간 자취를 감추었던 위조지폐가 대량으로 발견되고 있다. 1993년에는 천진·강소(江蘇)·상해·북경·광주·심천 등 중국전역에 걸쳐 위폐가 발견되었고, 1993년 10월 중국은행 낙양분행(洛陽分行)에서 발견된 위폐는 인쇄·지질 등의 면에서 진폐(眞幣)와의 구분이 거의 불가능할 정도로 정교한 것이어서 중국관계자들을 놀라게 하고 있다.

1990년 중국에서 적발·압류된 위조지폐 약 1,740만 위안 가운데 1,100만 위안 이상은 대만의 위폐단이 제조한 것으로 요즘은 해외인쇄뿐만 아니라 중국 내 인쇄도 증가하는 추세라고 한다. 위폐의 유통이 지역별로 산재하는 한편 금액에서도 증가하고 있는 상황이기는 하지만 은행차원에서 개인적인 감별 외에 뚜렷한 감별방법이 없다는 점으로 인해 대책마련에 부심하고 있는 것으로 알려지고 있다.

이러한 위폐문제는 중국의 입장에서 보면 최우선적으로 막아야 하는 위조상품일 것이지만 해외 위폐단과 중국 내 흑사회(黑社會) 간의 더 조직화된 움직임들로 검거에는 상당한 어려움이 따를 것으로 보인다.

중국은 조만간 위조상품의 천국이 될 공산이 크다. 지역적으로 통제가 어려운 점과 지방보호주의의 만연(蔓延) 등이 큰 원인이 된다. 무엇보다도 돈이 된다는 점이 가장 중요한 포인트다.

　우리기업도 상표도용(商標盜用)에 대비한 준비를 시작해야 한다. 솔직히 과거에는 많은 상표도용이 한국에서 이루어진 것이 사실이지만 중국에서 이렇게 나올 경우 마음놓고 있다가는 대한민국 유명 상표 전부가 값싸게 대량으로 우리에게로 다시 흘러들어올 판국이다.

맹류(盲流) 현상은 경제발전 탓

1993년 12월 12일, 중국 광동성의 성도(省都)인 광주시 교도소에서 3명의 범죄자에 대한 사형이 집행되었다. 사형방법은 총살형이었다.

그해 10월 11일 발생된 사건에 대해 2개월이라는 짧은 기간의 법원심리를 거쳐 다수인원이 참관한 가운데 총살형이 집행된 것은 매우 이례적인 일이었다. 사형된 자들은 바로 중국의 무작정 상경자(流民)들이었다.

사건의 내용은 간단하다. 광주시의 번화가에 속하는 사하대가(沙河大街)에서 내륙으로부터 유입되어온 무직자 6명이 지나가는 한 여인을 길거리에서 옷을 벗긴 채 난행을 한 것이다. 이 범죄에 대해 광주시 중급법원(中級法院)은 그중 3명은 사형, 2명은 무기징역, 1명은 15년의 판결을 내렸다.

문제는 피해를 입은 여인이 임신부였는데다 당시 많은 사람들이 그 광경을 목격했음에도 어느 누구 하나 말리는 사람이 없었다. 공안경찰(公安警察)도 구경꾼 중 한 사람이 신고를 하지 않았으면 몰랐을 정도다. 더구나 이 사건은 본질적으로 불법 유입인구에 의해 저질러졌다는 점에서 심각한 사회문제로 대두되고 있다.

실제 이 사건 이후 중국은 위험한 나라라는 인식이 중국인들 간에도 공공연히 푸념섞여 나돌 정도가 되었고, 경찰당국의 무능함은 물론 야간 또는 새벽반 간부·노동자 특히 여공들의 불안심리가 극도로 가중되는 상황이 전개되고 있다.

발전된 도시의 특성상 인근 미발달 지역의 인구가 유입되는 것은 당연하지만 중국이 경제개발을 추진하면서부터 각종 사회문제들이 발생하고 있다. 도시·농촌 간의 소득격차, 젊은이들의 도시에 대한 무작정 동경(憧憬), 도시화로 인해 팽배되는 이기주의현상, 정부의 통제불능 치안, 배금주의 사상 만연 등이 그것이다.

맹류현상은 대부분 연해도시들에서 흔히 볼 수 있는 현상이 되고 있다. 농촌의 농한기에 잉여노동력이 대거 화동(華東) 및 화남(華南) 연해지역으로 몰려드는 것은 역시 수입 때문이다.

화동지역의 경우 상해와 그 인근지역, 화남지역의 경우 광동 및 주강(珠江)삼각주의 각 도시, 즉 심천·주해(珠海) 및 해남성(海南省)이 목표가 된다.

화남지방만 하더라도 최소 500만 명 이상의 외지(外地) 노동력이 유입되고 있는 것으로 추계되고 있고 전국적인 규모를 고려하면 약 2,000만 명의 유민이 이동한다.

그래서 겨울인데도 북경·상해·광주 등 중점도시의 역 앞에는 항상 한국의 여름날 젊은이들이 여행 중 낭만삼아 역 앞에 신문지를 펴고 누워자는 모습들보다 더욱 심각한 상황이 벌어지고 있다. 아예 이부자리를 마련하고 몇날 며칠을 쭈그리고 있다. 이들에게는 무슨 일거리라도 있으면 그저 오케이다. 그러나 일거리는 그렇게 많지 않다. 어지간한 도시지역에서는 노동자시장도 형성되고 있다.

북경의 가라오케에는 북경여자가 옆자리에 앉는 경우를 볼 수 없다. 대부분 동북지역이나 북경 인근의 농촌지역에서 들어온 여자들이라고 한다. 광주나 심천지역의 경우는 광동성뿐만 아니라 호북성·사천성·귀주성(貴州省)·광서장족자치구(廣西壯族自治區)·상해 등 출신성분이 다양하다. 낮에는 일하고 밤에는 이른바 반창(伴唱)호스테스들의 하루벌이는 잘하면 공장의 한 달 벌이보다 좋다.

매춘의 경우도 법률적으로야 불법인 것은 사실이지만 이제는 어지간하면 눈을 감아주는 실정이다. 남부지역의 고급관리가 매춘이야 외화를 벌어들이는 것이니 괜찮지만 도박은 서로를 잡아먹는 결과를 초래하니 안된다는 식의 매춘가능론을 펴는 것을 들은 적도 있다.

상해시 간부들이 상해의 발전방향을 이야기하면서 장애요인을 나열하는 가운데 상해는 다른 지역에 비해 상대적으로 매춘 관련 법규 시행이 너무 엄격하여 외국투자가가 안 들어온다고 했다는 루머성의 이야기도 전해진다.

이렇게 가용인구가 많기는 해도 법률상 도시지역과 농촌 간의 호구변동(戶口變動)이 쉽지 않은 문제들 때문에 외국기업들은 불법노동자들을 고용하지 않으려는 경향이 있다. 지역정부와의 협의하에 노동자 문제는 대체로 무난히 해결하는 경향이기는 해도 기업이 독자적으로 모집할 경우는 종종 지역사회와의 마찰을 빚기도 한다.

　농촌지역의 경우 일반범죄들은 점차 흉포화되는 경향이 있다고 한다. 돈이 우대되는 사회분위기에서 범죄는 대부분 돈을 매개로 하여 생기는 경우가 많고, 특히 젊은층의 한탕의식도 높아가고 있다.

　더욱이 중국 위생부(衛生部)의 발표에 따르면 중국의 마약(痲藥)인구가 이미 25만명 이상에 달했다. 아직은 마약흡입자들의 대부분이 인도차이나와 접경지역인 운남성(雲南省)·광서성(廣西省)과 그 인근지역인 귀주·사천·섬서(陝西) 등지가 중심이 되고 있으나 이미 마약사건은 중국의 17개 성·자치구·직할시 등지에서 발견되고 있다.

　조직범죄도 늘어나고 있다. 이미 상당한 범위의 조직범죄단이 구성되어 있고 홍콩의 경우는 홍콩·중국 조직 간의 긴밀한 협력관계가 조성되어 있는 것으로 평가된다. 이들은 마약·매춘·밀수 등 돈이 될 수 있는 일들에는 점진적인 개입을 하고 있고 지역 간 행동대원의 인적 교류까지도 하고 있는 상황이다.

　맹류현상은 중국이 경제발전을 할수록 피할 수 없는 문제로 보인다. 도시로 도시로 향하는 사람들의 물결을 막기에는 도시가 가진 매력이 크게 부각되고 있고 근본적으로는 중국남북·동서지역 간의 경제발전 불균형이 가장 큰 원인이 되고 있다.

　어쨌든 이들이 보고 간 중국도시의 화려함이 내륙으로 내륙으로 퍼져나갈 날도 멀지 않았다. 범죄도 마찬가지일 것이다. 중국은 이제 사회범죄를 통제하는 데 더 역점을 둬야 하는 단계에 와 있는 상태다.

꽁츠(公吃)의 심리

　중국은 연회(宴會)의 천국이다.　곳곳에 대형음식점들이 들어서고 있다.　매번 중국식당에 갈 때마다 느끼는 일이지만 자리를 얻기가 힘들 정도로 예약이 줄을 잇는다.　행사도 다양하다.　식당의 예약카드에는 공사(公司) 모선생·소저(小姐)가 빽빽히 적혀 있다.

　먹는 데서 삶의 즐거움을 찾는 민족, 중국인은 대단한 미식가임이 분명하다.　중국인들조차도 중국요리의 가지수를 제대로 알지 못한다.　도대체 중국요리의 종류는 몇 종이나 될까 하는 생각을 갈 때마다 한다.

　식당에 사람이 붐비는 이유는 여러 가지가 있을 수 있다.　원래 먹는 것을 좋아해서 그렇다, 개인수입이 늘어나기 때문이다.　경제발전이 되면서 비즈니스가 촉진되고 있기 때문이다 등등의 분석이 열거된다.　이런 이유 중에 빼놓을 수 없는 부분이 바로「집단소비」라는 개념이다.

　「꽁츠(居吃)」는 공적 비용으로 음식 먹는 것을 의미한다.　집단소비의 대표적인 예다. 중국에서 집단은 가장 힘이 센 소비주체다. 사람 숫자도 많은 만큼 소비량도 엄청나다. 먹고 마시는 일에서도 집단소비가 개인소비보다도 월등하다.

돈을 누가 내느냐가 이 구분의 첫째 요소다. 먹는 사람들은 속으로『너도 돈 안 내고 나도 안 내고 회사가 낸다(You don't pay, I don't pay, office pay.)』를 외우고 있는 것이다. 그런 이유에서인지 공금으로 먹는 꽁츠는 개인소비의 반대개념에 속하는 사회소비의 기본이 된다.

소비풍조(특히 음식)에 대한 절약이 필요하다는 중국사회의 각성이 있어 변화를 시도하기 위해 한동안 사채일탕(四菜一湯, 4가지 음식과 수프 하나) 운동이 벌어진 적도 있다. 그 때문에 잠간 동안은 먹는 데 해당하는 집단소비가 주춤하는 기색이 역력했다. 국영기업이나 기관의 경우 이를 지키지 않으면 문책을 당하게 되는 사태가 벌어졌기 때문이다. 그러나 얼마 되지 않아 모든 것이 원상회복되고 있다.

중국인들은 우스갯소리로 이런 말을 한다. 『1인당 사채일탕이라는 이야기겠지. 우리가 테이블당 진짜 4채1탕을 먹는다면 모두 굶어죽을 거야.』그래서 한동안 계산서가 테이블당 몇 개씩 발급되는 사태도 있었다. 일부 약삭 빠른 접시 생산업자들은 사채일탕의 원칙을 지키면서도 많이 먹을 수 있도록 종전보다 큰 접시들을 만들어냈다. 시세(時勢)를 읽는 장사전술이 돋보인다.

중국에서는 음식과 술, 담배는 공유(共有)의 개념이 강하다. 오랜 사회주의적 공동분배의 대명사격인「철밥그릇」습관이 아직 존재하고 있는 것이다. 끼니는 굶어도 관혼상제는 떡 벌어지게 치러야 된다는 생각들도 밑바닥에 있다. 사회주의로 인해 억눌려 있던 중국식 소비의 전통이 경제개발 후 하나씩 살아나고 있는 것이다.

꽁츠는 이런 여건 속에서 더욱 번성하고 있다. 손님(외국기업도 포함)이 찾아오면 대접하는 자리가 공적 비용지출로 열린다. 그날은 한바탕 자기네 식구 잔치가 벌어지게 된다. 이런 자리를 만들지 않으면 중국식이 아닐지도 모른다.

음식이야기가 나왔으니 패스트푸드(快餐)도 빼놓을 수 없다. 중국 주요도시마다 서양문화를 대표하는 맥도널드 · 피자헛 등이 대거 진군해 들어와 있다. 문전성시를 이루는 것은 말할 나위도 없다.

심지어 일본식 생선회 · 튀김 · 초밥 등도 패스트푸드화하고 있다. 200~500위안이면 각종 일본요리 한 세트를 먹을 수 있다. 대부분 식당에는 가라오케 설비까지 갖추고 있다. 이런 가라찬팅(餐廳)은 이제 명물도 아니다. 패스트푸드점의 꽁츠현상도 예외가 아닌 것처럼 말이다.

종종 중국에 투자한 우리기업들로부터 이런 문제로 인해 생기는 잡다한 일들을 문의받기도 한다. 대체로 불평에 속한다. 이사장 자리에 중국사람을 앉혔더니 하고한 날 영수증을 가지고 오는 것이었다. 그 비용이 너무 심하다 싶어 자제를 요청했더니 중국에서는 그렇게 해야 사업을 할 수 있다는 대답뿐이었다는 식이다.

공적 비용이라는 이야기다. 우리가 보기에는 사적 지출이지만 한편으로는 중국에서는 공적인 것이 될 수도 있다보니 더욱 애매하다. 문제가 생기기는 해도 이 풍속은 어제 오늘 형성된 것이 아니라

서 이를 외면하기보다는 적절히 활용하는 것도 바람직하다는 생각을
해본다.

개인을 다루는 것보다 집단을 다루는 것이 몇 배 어렵다. 그러나
오히려 집단이 몇 가지의 단순화된 성향을 가지고 있는 경우 이에 대
처하기는 쉬울 수도 있다. 단지 그 흐름을 파악하기가 어려운 것이
문제다.

집단소비는 중국의 일반 생활문화에서 절대적인 위치를 차지한
다. 이 부분을 이해하지 않고서 중국을 이해하기란 너무 어렵다. 기
업의 원가개념이 아직은 불확실하다는 측면이 공적 비용으로 벌이는
잔치상 다리를 더 휘어지게 하는 요소가 된다.

그러나 점차 중국기업들이 원가개념을 알기 시작하면 이 부분도
바뀌어갈 것이다. 사영기업·외국투자기업들의 끊임없는 발전도 한
몫을 한 것이다. 최근 벌어지는 국유기업의 독립채산방식 운영확산
등 책임경영제가 정착이 되면, 기업의 경제적 효율이란 측면에서 개
선이 예상되기도 한다. 그래도 계속되는 중국경제의 발전은 꽁츠가
증대하는 계기로 작용할 것이다.

홍콩기업의 위력—삼손과 델릴라

　　홍콩은 인구 600만 명의 작은 도시에 불과하다. 그런데도 전 중국의 무역량보다 많은 액수가 이곳을 통해 소화된다. 600대 12억의 편차에도 불구하고 경제면에서는 중국을 앞서고 있다.

　　그런데 속사정을 알고보면 꼭 그런 것도 아니다. 중국이 없는 홍콩은 상상하기조차 어렵다. 모든 거래의 80％ 상당이 중국과 관련된다. 600만 명 중 기업주로 분류될 수 있는 약 30만 명의 인구는 모두 중국과 불가분의 관계가 있다. 이른바「꾸안시」를 통한 장사의 전형(典型)을 홍콩에서 찾을 수 있다.

　　그런 홍콩을 중국은 잘 이용하고 있다. 누가 누구를 먼저 이용했는지는 따질 문제가 아니지만 여하튼 서로가 서로에게 충실한 역할을 다 하고 있는 셈이다. 중국기업이나 개인이 슬그머니 해외로 도피시켜야 할 자금이 있다면 그것은 홍콩이 가장 적절한 대상이다. 그래서인지 엄청난 자금이 홍콩에 유입되어 있다. 이것은 홍콩의 중요한 역할 중 하나가 되어 있다.

영국과 중국이 1997년 홍콩주권의 중국반환을 앞두고 격렬한 논쟁을 벌여도 홍콩주민들은 특별한 관심을 보이지 않는다. 말하자면 어느 쪽도 믿지 않는다고나 할까. 냉정하게 보면 경제적인 문제를 해치지 않는다면 논쟁도 무방하다는 주의 정도로 파악할 수 있다.

중국이 외국으로부터 도입한 투자의 70%가 홍콩기업에서 비롯된 것이다. 600만의 실력을 보여주는 예다. 자유무역항 체제를 고수해온 홍콩이 가진 이점은 바로 이러한 자유로움과 중국이라는 튼튼한 생산기지가 있기 때문이다. 좁은 면적과 높은 임금으로 제조업이 죽기 시작한 홍콩의 경제여건과 중국 개방정책의 시작은 서로의 보완성을 극대화 시켜준 계기가 되었다.

특히 광동성은 홍콩의 뒷마당이라 해도 과언이 아니다. 홍콩과 광동성은 언어면에서도 동일한 광동어를 구사한다. 북경의 만다린(普通話, 표준어)과는 전혀 다른 광동어는 표준어를 잘 구사하는 사람이라 해도 통역 없이 의사전달이 어렵다.

요즘은 광동어 경제권이라는 표현까지 나오고 있다. 광동성에서도 표준어가 통하기는 하지만 본바닥에 온 듯한 느낌이 들지 않는다. 고위관리나 일반인이 구사하는 표준어는 광동어와 표준어가 마구 뒤섞여 있어 알아듣는 데 상당한 고역을 치른다.

그러나 홍콩기업은 광동어가 통용어다. 제조업 100개사 중 약 70개사 이상은 중국에 공장이 있고 그 공장의 80% 이상은 광동성에 있다. 홍콩달러는 더 이상 홍콩에서만 사용되지 않는다. 중국에서는 홍콩달러가 더욱 환영받는다. 음식점에서도 홍콩달러 메뉴판이 나와 있다. 경제적으로는 일찌감치 일체화가 진행되어 있다.

그런 홍콩기업들이 요즘은 북상남하를 추진하고 있다. 광동성만의 한계가 드러나고 있기 때문이다. 개발이 촉진되면서 천정부지로 치솟는 땅값으로 부동산 투자 이외에는 제조업 투자가 점차 의미를 잃어가고 있고, 상대적으로 다른 지역들의 투자조건이 호조를 보이고 있는 것도 한 원인이다.

최근 가장 관심을 끌고 있는 지역은 장강지역이다. 원래가 인구도 많고 내수시장의 잠재력도 풍부한데다 최근에 개발붐이 일고 있는 지역이다. 노동집약적인 산업 중 완구나 전자 등 상당수가 내륙지역으로 공장을 옮기고 있고 현지내수까지 겨냥한 식품제조·인쇄업 등도 증가폭이 현저하다. 부동산에 대한 관심도 높아지고 있다.

이재(理財)에 밝은 홍콩인들은 대부분 중국 내에 아파트 한 채 정도는 사두고 있다. 최근 통계에 따르면 홍콩 중산층의 50% 이상이 중국에 부동산을 소유하고 있다.

등소평의 남방시찰(중국에서는 등소평이 중국남부를 시찰하며 한 말들을 아예 하나의 중대한 분기점으로 파악하고 있다. 중국용어는 南巡講話) 이후 투자가 현저한 증가를 보인 것도 재미 있다.

1993년 홍콩공업총회가 회원기업들을 대상으로 조사한 바에 따르면 중국투자기업의 약 63%가 중국투자를 통해 이익을 거두고 있고 22%는 점차 이익을 낼 것으로 기대하고 있는 것으로 나타났다. 투자해서 손해를 본 기업은 겨우 2.64%이다. 홍콩기업은 중국투자로 막대한 이익을 챙기고 있는 셈이 된다.

홍콩을 설명하는 데 빼놓을 수 없는 말은 바로 「점전후창」(店前後廠, 중국은 공장이고 홍콩은 공장에서 생산한 물건을 파는 가게라는 의미로 홍콩·중국 간의 제조업 역할분담 관계를 설명한 말이다) 홍콩의 위상을 단적으로 나타내 주는 말이라 하겠다.

홍콩은 거대한 가게의 역할을 하고 있는 것이다. 실제 홍콩에는 법인등록된 주식회사라는 것이 큰 의미를 가지지 않는다. 한국돈 100만 원이면 주식회사 등록이 가능하다보니 누구라도 손쉽게 회사를 차릴 수 있다. 그런데도 주식회사 등록을 하지 않는 소위 Co.(company)도 흔하다.

게다가 사무실 임대료 등이 워낙 비싸다보니 아예 비서대행사들이 1,200개 사 이상의 회원사를 거느리고 비서업무를 대행해 주기도 한다. 전화를 걸 때마다 메시지를 남기면 전해 주겠다는 대답을 하는 예쁜 아가씨의 목소리가 나오는 회사는 일단 비서대행사로 보아도 무방하다. 핸드폰 하나 들고 다니면서 사업을 하는 사람들에게 사무실과 비서를 동시에 제공하는 이런 회사는 반드시 필요하다. 그러나 사기꾼이 많은 것도 사실이다.

홍콩기업의 특징은 한 마디로 철저한 비즈니스적 관계를 중시한다는 점이다. 돈이 되는 일에는 냄새를 잘 맡고 그 기회를 잘 살린다는 의미이기도 하다.

이것은 홍콩이 자유무역이라는 기치를 내걸고 있는 표면적인 현상보다도, 이른바 물밑에서 벌어지고 있는 극심한 경쟁의 단면이 더 중요함을 나타낸다. 홍콩에서 경쟁은 철저하다. 그래서 비즈니스를 통한 관계는 왠지 삭막한 느낌마저 준다. 인간적인 관계를 맺기란 상당히 어렵다.

요즘은 홍콩기업들도 어느 정도 불안감을 보이고 있다. 1997년이라는 변수(홍콩의 주권은 1997년 7월 1일을 기해 중국으로 넘어간다)를 둘러싼 안정성의 파괴문제가 날로 대두되고 있기 때문이다.

1989년 천안문(天安門)사태 이후 고급인력의 상당수가 해외이민을 간 적이 있고 지금도 다수의 사람들이 1997년 후에는 이곳을 떠날 것으로 보인다. 그래도 대기업들은 오히려 중국투자를 늘려나가고 있다. 중국이 없는 홍콩이 있을 수 없다는 점을 간파하고 중국과 더 깊은 유대형성이 바람직하다는 결론을 내리고 있다.

긍정적인 측면은 홍콩기업뿐만 아니라 일본·미국·유럽기업들도 홍콩의 장래를 밝게 본다는 점이다. 주가지수가 연일 대폭적인 상승을 보이더니 1993년에는 항생지수(恒生指數, 홍콩의 주가지수)가 연초에 비해 2배가 상승한 11,000포인트를 갱신했다.

우리는 홍콩기업을 주시할 필요가 있다. 협력이 아니라면 경쟁이 필요하고, 그것도 아니라면 최소한 그들의 중국경제에 대한 감각이라도 참고로 빌려볼 수 있지 않을까 하는 생각이다.

중국에는 중국경제가 있다

중국식 사회주의의 현상

중국은 사회주의 국가다. 사회주의란 무엇인가? 사전적인 해석을 보면「생산수단을 공유하는 사회제도를 실현하려는 사회사상 및 사회운동」으로 풀이하고 있다.

공유란 사유의 반대개념으로 국가가 전부를 소유한다는 의미를 가진다. 따라서 원론적인 사회주의란 국가가 모든 소유의 기초가 된다.

이런 맥락에서 볼 때, 중국은 더 이상 사회주의가 아니라는 정의는 타당성이 있다. 생산수단의 공유가 근간을 이루는 것은 사실이지만 이미 그러한 사상과 운동은 경제적인 개방과 개혁이라는 큰 물결 속에서 크게 변질되어 있기 때문이다. 그래서 중국은 수정(修正)사회주의로 평가되고 있다. 중국은 이를 중국식 사회주의라고 이야기한다.

변질의 정도를 놓고 본다면 뿌리마저 뒤흔들리고 있는 것은 아니라는 평가도 나온다. 동양적인 사회에서 토지는 모든 경제행위의 근원이 되고 그것이 아직은 전인민(국가)의 소유로 남아 있다는 점을 높이 산 것이다. 그러나 토지를 다루는 주체는 더 이상 국가가 아니라는 점도 간과할 수 없다.

중국을 사회주의 국가로 부를 수 있는 근거를 애써 찾으려면 중앙정부가 내걸고 있는 기치를 눈여겨 보아야 한다. 중국은 엄연히 사회주의를 고수하고 있고 정치적인 각종 연석회의에서 반드시 사회주의 체제가 언급된다.

중국헌법 총강(總綱) 제1조에는 『사회주의는 중화인민공화국의 근본제도이며, 어떠한 조직 또는 개인이 사회주의 제도를 파괴하는 것을 금지한다』고 명시되어 있다. 또한 중화인민공화국의 모든 권력은 인민에 속한다는 점도 강조에 강조를 거듭하고 있다.

그러나 중요한 것은 중화인민공화국의 주체세력인 인민들이 사회주의를 더 이상 신봉하지 않는다는 사실이다.

개방의 최전선 심천에서 만난 한 경제관료는 중국사회주의의 변천사를 장황하게 설명하다가 사석(私席)이라는 전제하에 다음과 같은 요지의 말을 하였다.

『과거에 내걸었던 사회주의는 중국에서 사장된 이념이 되고 있다. 이제 경제적인 면에서 예전의 원론적 사회주의로 돌아가기를 기대하는 것은 미친 짓이다. 그러나 정치적 사회주의는 통일된 중국의 모습을 위해 반드시 필요하다. 분열된 중국은 여러 모로 보아 이익이 되지 않기 때문이다.』

통일된 중국을 위한 사회주의, 바꾸어 말하면 비통일·분열의 중국이 가능하다는 이야기가 된다. 재작년에 나온 《황와(黃渦)》라는 책에서도, 한참 한국에서 잘 팔린다는 《무궁화 꽃이 피었습니다》란 책에서도 볼 수 있는 중국의 내란상황을 하나의 가능성이 있는 시나리오로 보는 이유를 결국 여기에서 찾을 수 있다. 사회주의의 분열은 정치적인 결합을 무디게 한다라는 가정하에서 이른바 중국대동란의 시나리오가 작성된 것이다.

이 가정의 가능성 여부 문제를 떠나 입장을 서로 바꾸어 놓고 생각해 보는 것도 재미있을 것 같다. 예를 들어 내가 중국의 지도층이 되어 현재 처한 국가의 상황에 어떻게 대처할 것인가를 생각해 보자. 아마도 여러 가지 변수요인이 고려될 수 있겠지만 역시 두 가지의 중점 요인으로 문제가 집약된다. 경제와 정치 바로 그것이다.

이 변수요인들을 간략하게 정리하면 다음과 같이 된다. 일부 문제는 견해가 다른 경우도 있겠지만 입장의 전이(轉移)란 내부의 시각을 보기 위한 것임을 감안하면 큰 문제가 되지 않을 것이다.

경제는 이제 국제경제권을 향한 진군을 늦출 수 없을 정도로 세계와의 유대가 깊어진 상태이고 정치민주화는 사회주의의 근간을 해칠 염려가 있는 상황이다. 외부적으로 서유럽세력의 인권이니 민주화니 하는 압력이 경제발전에도 슬그머니 칼질을 해대고 있고 내부적으로도 언제 폭발할지 모르는 재야세력들이 기회를 노리고 있지만 마음 놓을 수는 없는 입장이다.

지방은 독자적인 경제발전이라는 명목하에 지방분권화의 현상이 두드러지게 나타나고 있으며 경제발전은 빈부(貧富)·도농(都農)·연해·내륙·동서의 격차가 점점 더 심해지고 있다. 부정부패가 만연하지만 대책은 일시적인 방편에 불과하고 근본적인 해결을 위한 대규모 조치도 여러 이유로 인해 시행하기 어려운 상태다.

그러나 다행스러운 것은 경제발전이 현재로서는 순탄하게 진행되고 있고 국민의 관심도 경제부흥이라는 면에서 긍정적으로 받아들이고 있다. 묵묵히 일하는 노동자가 아직은 많고 국내의 언론은 정부의 통제하에 정권의 선전활동을 위한 주요수단이 되고, 외부세력의 압력은 오히려 중국 국민의 의식을 응집시키는 계기로 작용하기도 한다.

정치적으로도 대외에서는 보수니 진보니 하고 있으나 지도층에서는 한결같이 통일중국의 모습을 해치는 상황은 상상하지 못하고 있다. 단지 경제발전의 속도나 대외관계 등에서 약간의 견해차를 보이고 있음에 불과하다. 화교상권의 적극적인 지지도 계속되고 있다. 게다가 중국은 기본적으로 노회(老膾)한 전략에 강하다.

중국의 분열을 가능성이 높은 시나리오로 보는 견해는 서방의 시각이다. 서유럽적인 사고에서 이처럼 많은 문제를 가진 국가의 중앙이 각 지역에 대한 통제를 원활히 하기를 기대하기 어렵다는 판단을 하는 것은 자연스러운 일인지도 모른다.

지금까지 나온 중국분열의 시나리오는 대개 중국남부가 홍콩과 경제적으로 밀접한 결합도를 갖는 과정에서 점차 신(新)홍콩화하고 있고 그에 따른 지역주의가 생겨나고 있는 현실에 입각하고 있다.

여러 가지 이유가 있겠지만 홍콩정부(실제 영국정부)가 1997년 주권의 중국반환을 앞두고 실시하려는 홍콩의 민주화개혁에 대해 중국정부가 알레르기성 반응을 보이고 있는 것도 홍콩의 민주기류가 중국으로 밀려드는 것을 두려워하기 때문이다.

　그렇지만 지난 10여년간 중국이 대외로 열렸던 조그마한 창(窓)을 거대한 문(門)으로 개·보수해 오는 과정을 살펴보면 중국의 정책은 일관성이 있다는 점을 발견하게 된다. 이제는 등소평이라는 한 개인의 힘보다는 광범한 국민적인 공감대가 형성되고 있다. 경제발전이라는 대전제를 의심하는 사람이 없는 것이다.

　이 점에서 최근 중국이 화중지역에 대한 개발을 서두르고 있는 것은 의미하는 바가 크다. 특히 중부지역이 상대적으로 남부지역에 비해 개발이 뒤쳐졌고, 이에 따라 동·북부에 위치한 중앙정부가 효과적으로 남부를 통제하는 것이 어렵다는 현실적인 문제가 기반이 되었음은 물론이다.

　그래서 중부개발에 전력을 쏟아붓는다는 분석은 상당한 현실성을 지닌다. 다시 말해 중부가 발전되었다면 남부의 독자적인 발전이란 별반 걱정할 것이 없다는 의미이기도 하다.

　냉전체제가 끝나고 중국은 지구상의 유일한 규모 있는 사회주의 국가로 남게 되었다. 중국은 사회주의 종주국의 지위를 자연스럽게 독차지하고 있다. 중국을 둘러싼 서방국가들의 압력에서 일견 또 다른 이념냉전을 보는 것 같기도 하다.

　일부에서는 이를 두고 동서양의 대결구도로 평가하기도 한다. 그렇지만 빼놓고 이야기할 수 없는 중요한 요소는 지금의 세계가 바야흐로 경제전쟁·경제냉전의 구도를 형성하고 있다는 사실이다.

　중국은 이 점에서 세계 각국의 관심을 끌기에 충분한 시장을 가지고 있다. 그래서인지 유럽국가들이 중국에 던지는 각종 추파는 매우 은근함을 띠고 있다.

200억 달러에 가까운 대중국 무역적자가 났다고 투덜대며 슈퍼 301조와 최혜국대우 연장을 무기로 인권·민주화를 앞세우는 미국도 내부적으로는 중국시장에의 진출에 촉각을 곤두세우고 있다. 홍콩반환을 앞두고 영·중회담이 계속 난항을 거듭하고 있는 시점에서도 영국기업은 중국진출을 더욱 강화하고 있다.

중국식 사회주의는 이러한 현상을 잘 파악한 덕에 점차 성공을 거두고 있는 케이스로 부각되고 있다. 중국관리들은 공공연히 자본주의에도 계획이 있듯이 사회주의에도 시장(市場)이 있다는 말을 한다. 정도의 차이일 뿐이지 이념이 그리 큰 요소가 되지 못한다는 의미다. 중국식 사회주의란 자본주의 요소를 아무리 도입한다 해도 그 이상도 이하도 아니라는 것이다.

역사는 가설을 전제로 할 수 없다고 하지만 중국의 분열은 현재로서는 기대하기 어렵다는 것이 개인적인 견해다. 중국의 가장 큰 무기는 역시 10여년의 개방으로 다져진 경제라는 힘줄이다. 또한 사회주의의 이념은 아직도 중국사회의 대동맥 역할을 톡톡히 하고 있다. 중국식 사회주의는 성공할 것인가, 또 앞으로 얼마나 변형될 것인가 하는 문제는 매우 흥미를 끄는 과제다.

오늘의 중국, 12억의 시장

중국은 넓다. 1989년 기준으로 약 11억의 인구였으니 지금쯤은 12억이 넘을 것으로 추산될 뿐이다. 정확한 통계를 위해 조사하고 있는 지금도 인구는 늘어만 간다. 인간의 생로병사가 가장 많은 나라, 종교적으로 보면 천국과 지옥이 쉴새없이 열렸다가 닫혀지는 나라가 바로 중국이다.

세계지도를 펼쳐 놓으면 중국이 얼마나 넓은 면적을 차지하고 있는지를 쉽게 알 수 있다. 자그마치 960만㎢, 남한(南韓)을 기준으로 하면 약 100배 크기의 규모다. 땅이 넓다보니 영해의 면적도 땅면적의 약 절반이나 된다. 남중국해에 남사군도를 두고 아직도 말레이시아·필리핀과 몸싸움을 할 정도로 욕심도 많다.

실제 사용하기 편리한 평원지대는 전체 육지면적의 12% 정도다. 사람들이 모여 사는 곳도 대부분 이 지역이다. 그밖에 산지 33%, 고원 26%, 분지 19% 그리고 나머지는 구릉으로 되어 있다.

중국의 신(新)경제정책이라 할 수 있는 개혁·개방정책이 본격화된 지 10여년이 지나면서 인구의 도시집중 현상도 걷잡을 수 없을 정도다. 주요도시의 역전에는 언제나 기웃거리는 사람들로 홍수를 이룬다. 보이는 것이라고는 사람, 사람뿐이다.

대체로 관광이나 비즈니스로 중국을 간 사람들이 보는 이「거리의 사람들」은 도무지 사람같이 여겨지지 않을 정도일 것이다. 그래서인지 중국을「몹시 더럽고」「무지막지할 정도로 사람이 많은」나라쯤으로 여기는 경향도 많다.

한술 더 떠서 6·25전쟁 동안 인해전술(人海戰術)이라도 겪은 세대들이면 한결같이 은연중에 이 많은 인구에 겁내는 경향마저 있다. 혹시라도 그때처럼 꽹과리를 치면서 100명당 총 한 자루 쥐어가며 앞으로, 앞으로만 외치는 사태가 있을까 꿈자리마저 뒤숭숭하다는 사람도 있다.

중국의 오늘은 이처럼 중국이 가진 잡다한 요소들, 특히 역사적인 요소까지 혼합되어 우리를 현란케 한다. 과연 오늘의 중국은 어디에 있는가에 대한 정확한 답을 찾기는 어렵다. 접근방식에 따라 해부의 방향도 달라질 수 있기 때문이다. 가끔씩은 가십거리가 온통 중국이 그런 양 색깔을 매기는 경우도 흔히 볼 수 있다. 그만큼 변수가 많음을 먼저 인정하면 가십은 결코 주류로 인식될 수 없을 것이다.

세계역사의 흐름이 그렇듯 오늘의 중국도 예외 없이 경제주도형 사회를 지향하고 있다. 경제란 여러 의미를 포괄하기는 하지만 화폐의 권위가 강조된 상태인데 그로 인해 파생되는 수평·수직의 등락(謄落) 또는 불규칙 바운딩 등을 중점으로 보는 상태를 말한다.

현재의 중국에서 돈이란 바로 삶과도 통하는 것이다. 자본주의 국가에서 흔히 볼 수 있는 배금주의(拜金主義)의 정도와 사회주의를 아직도 명목으로 내세운 중국의 그것과 무엇이 다른가 하고 말할 수 있을는지 몰라도 여하튼 중국은 이제 돈을 위한 삶을 사는 사람들이 그렇지 않은 사람들을 압도하고 있다. 중국의 개방역사를 간단히 살펴보면 이 점은 쉽게 알 수 있다.

1979년의 경제개방·개혁으로 중국은 경제에 눈을 뜨기 시작했다. 그 이전 중국이 가진 경제개념은 자력갱생과 계획경제라는 두 마디의 말로 압축된다. 방대한 지역을 토대로 지역(省·도시) 간의 교류가 역내외(域內外) 경제요소로 자리잡으면서 이 또한 중앙 및 지방 정부에 의해 철저히 통제되는 상황이 전개되고 있었다.

정치적으로도 70년대의 상황이란 1966년 이후 벌어진 문화대혁명이 상하부의 파괴와 종적(縱的) 관계의 소멸이라는 웃지 못할 내부적인 사상전쟁을 도출하였다. 그 영향으로 경제행위뿐만 아니라 그를 뒷받침할 수 있는 법률적 질서마저도 없는 상황, 즉 공산당만이 남아 있는 거의 무정부상태가 계속되고 있었다. 상하부의 조직이 동시에 파괴된 상태에서 이념이야말로 사회를 지탱하게 해주는 마지막 보루였던 셈이다.

이러한 시간을 지나 곧장 이어진 개혁·개방정책은 곧 경제의 부흥이야말로 10억의 인구를 먹여 살리는 길이라는 등소평의 경제이론에서 출발한다. 10억의 인구를 살찌게 하는 첫번째 시도는 중국 내의 정치적 소용돌이 속에서도 파괴되지 않고 있는 홍콩 인근의 중국 남부에서 매우 조심스럽게 진행되었다.

홍콩은 그런 점에서 중국의 전진기지, 중국의 창이라 해도 좋을 만큼 세계경제를 위한 출구역할을 해주고 있었다. 중국이 맨 처음 취한 경제특구(經濟特區) 정책이란 것은 글자 그대로 홍콩을 통한 국제경제의 흐름을 중국으로 전이시키는 작업을 의미한다.

80년대 초반까지 중국경제특구의 「특(特)」이 가진 의미는 중국의 다른 지역과 비교할 때 유별난 점이 있었다. 홍콩과 강(江)하나 사이에 두고 인접한 심천경제특구는 앞뒤로 철저한 경계가 그어진 상태에서 중국 내의 또 다른 중국이 만들어졌다(심천특구는 출입인원을 철저히 통제하고 있다. 특구출입시에는 같은 중국이라도 국경통과와 같은 절차를 거치게 된다. 이를 중국에서는 봉관〔封關〕 또는 이선통제라고 한다). 모든 것이 독특하고 특수한 땅이 중국남부 지역 전체를 서서히 부강하게 만들었다.

그후 진행된 중국의 연해개발전략은 흔히 점과 선 그리고 면으로 이어지는 전략이라는 부분적인 개방정책의 소산에서 비롯된다.

이는 초기의 남부 일원에 집중된 경제특구 정책을 대련(大連)·천진·청도·상해를 포괄하는 연해 전 지역의 14개 경제기술개발구로 연결시키고 나아가 연해지역 전체를 개발해 나가는 것을 의미한다. 중국은 80년대에 이미 이와 같은 연해지역에 대한 전면적 개방을 완료했다. 이즈음 이미 경제개방의 병적 현상들이 나타나기 시작한다.

이로 인해 80년대 후반 중국은 한 차례 정치적인 격변을 겪게 된다. 천안문 사태는 언뜻 보기에 정치적인 문제로만 인식되지만 실제로는 경제적인 문제가 그 배경에 깔려 있다. 중국 전 지역 특히 연해지역을 중심으로 거세게 일어난 배금주의 풍조와 그에 민감하게 작용한 학생들이 내건 민주화요구가 그 배경을 이루고 있다고 하겠다. 어찌 보면 불균형의 테마로만 인식될 수 있는 이 과제에 숨겨진 중국의 딜레마가 있다.

80년대를 마무리 하는 시점에서 개혁·개방 10주년을 맞는 중대한 시기의 이 사건은 바로 중국의 개방정책이 돌아오지 못할 강을 건너게 되는 분기점(分岐點)으로 파악된다. 더 이상 주자파(走資派) 노선을 억제할 분위기는 없어진 것이다.

90년대 초의 정책은 등소평의 남순강화로 대변된다. 흑묘백묘(黑猫白猫)의 실사구시론(實事求是論, 검은 고양이건 흰 고양이건 쥐를 잘 잡는 고양이가 최고라는 논리)을 편 등야(鄧爺, 일종의 애칭으로 등소평 할아버지)의 중국남부 시찰은 중국 전역에 황금의 불을 지폈다. 그 영향은 비단 관변(官辺)언론이라 비방받는 중국언론에서뿐만 아니라 실제 어느 도시이건 거리나 상가에까지 파급됐다.

중국은 이제 사회주의 시장경제라는 기묘한 체제를 표방하고 있다. 일부 학자는 사회주의 시장경제를 자본주의화라고 표현하기도 하지만 이것은 중국의 중앙정부가 자신의 권능을 행사하는 한 자본주의라고 단적으로 정의하기는 어렵다.

가장 쉽게 풀어 쓸 수 있는 말은 「정치적 사회주의, 경제적 자본주의」다.

지역적으로 중국에서 가장 시장경제화된 지역은 역시 도시지역이다. 연해의 도시 대부분과 내륙의 주요도시가 모두 이에 해당한다.

이를테면 동북부의 천진·청도·대련·심양·하얼빈·장춘(長春)·북경·석가장·연대(煙台)·위해(威海)·제남(済南)과 상해와 인근지역, 복주(福州)와 하문(厦門), 광주·심천·주해(珠海)·해남성(海南省)·중경·무한 등이 쉽게 최근의 가장 각광받는 경제지역임을 알 수 있다. 특히 약 20~30여개 도시만 해도 인구가 1억 5,000만 명에 육박한다는 사실에 착안하는 것은 그리 어렵지 않다.

이 도시들 대부분이 몸살을 앓고 있는 인구의 도시집중 현상도 주목할 만한 대목이다. 한 번 도시의 물을 먹은 사람이 도시를 버리고 시골로 돌아가기 어려운 것은 당연한 일이다. 더욱이 그 도시에서 무엇인가 살길을 찾은(수단이야 어찌되었건 간에) 사람은 남녀노소를 막론하고 그곳에 머물기를 원한다. 또한 돈을 번 사람은 돈을 통한 즐거움을 알게 되고 그러한 도락(道樂)에 한 번 젖으면 아편보다도 지독한 「돈꾼」의 세계로 가게 된다.

중국에서 이와 같은 조류(潮流)를 읽는 것은 어느 지역을 막론하고 쉽다. 산간오지에 들어가도 젊은이들은 비록 우리의 기준으로 유행에는 뒤떨어졌을지 몰라도 그들의 기준으로는 시장의 유행상품에 민감하게 반응한다. 옷이 달라지고 집안의 가전제품들도 하나둘씩 달라지고 있다. 그것을 구입하기 위해 돈을 저축하고 그것도 안 되면 집을 뛰쳐나간다.

발 없는 말이 1,000리를 간다지만 중국에서는 우리의 파월장병들이 군수품을, 또 도시의 공장에 다니는 자식들이 고급선물을 시골로 하나둘씩 보내던 시절처럼 도시로부터 시작된 말과 물건들이 부(富)의 물적 증거인 양 흘러드는 중이다.

중국경제는 바야흐로 전인민이 시장화되고 있다. 물론 아직은 전체가 아닌 부분적인 구매력이 돋보이고 있지만 심적으로 12억의 인구는 물질적인 부(富)에 대한 까닭모를 향수병에 시달리고 있다.

모택동 탄생 100주년을 기념하여 벌어진 각종 행사와 배지·시계·달력 등의 기념품이 모주석(毛主席)을 기억할 만한 세대뿐만 아니라 전세대에 걸쳐 골고루 공감을 얻고 있는 현실을 보며 왠지 현재의 물질적인 부유함이 가져온 불평등의식이 밑바닥에 있는 것이 아닌가 하는 생각이 드는 것은 무엇 때문일까? 그렇다 해도 향수는 단순히 옛날에 대한 추억에 불과할 뿐이다. 중국은 자꾸만 경제지향적이 되어가고 있다.

위에는 정책, 아래는 대책

　중국을 하나의 나라로 보는 발상은 매우 위험하다. 물론 정치적인 의미에서 중국은 분명 한 목소리를 지향하고 있는 나라다. 그러나 적어도 경제적인 면에서는 이는 사실이 아니다.

　중국사회에서 상하의 정책과 대책이 갈등을 일으키기 시작한 것은 그 역사가 길 것이지만 경제문제를 중점으로 보면 최근 수년간의 행태가 특히 심하다는 것을 알 수 있다. 이 조류는 앞으로 쉽게 해결될 수 있을 것 같지는 않다.

　상이라는 의미는 중앙정부를 의미하고 그 반대인 하는 상대적으로 지방정부를 가리킨다. 중앙과 지방 간의 갈등은 중화인민공화국 자체가 가진 최대의 결점으로 대두되고 있다. 중앙의 행정적 명령이 지방에서는 깊이 침투하지 못하고 있다. 그 이유가 바로 지방이기주의에 있음을 파악하기는 어렵지 않다.

　제도상의 단점도 있겠지만 우선 지적될 수 있는 밑바닥의 문제로는 중국이 넓은 나라라는 사실에서 출발한다. 중국은 경제개발이라는 대과제를 안고 있지만 법률의 정비가 제대로 되어 있지 않다. 게다가 인치와 꾸안시가 중시되는 사회이다보니 지방정부(省정부)·시정부, 기타 군소도시·농촌지역도 경제현대화 또는 경제개발에 대해 독자적인 사고를 갖게 된 것이다.

더구나 중국이 1979년 이후 취한 경제개방은 각 지역의 개발경쟁을 부채질했고, 그 과정에서 자신의 관할지역을 더 돋보이게 하기 위한 각종 눈가림이 벌어졌다.

최근의 개발사업 중 가장 문제가 되고 있는 것이 바로 부동산개발이다.

1979년 등소평이 경제개방을 주도한 이후에도 중국의 토지는 1988년까지 토지발전권(發展權)의 매매행위가 없을 정도로 중앙정부가 토지에 대한 절대적인 공제권(控制權)을 행사하고 있었다. 현재도 중국은 여전히 진정한 토지소유권에 대해서는 인정을 하고 있지 않다.

그러나 개발기업(開發商, 發展商)들에게 이른바 발전권이 부여되고 난 후 토지사용권의 대가를 지불하면 실질적인 매매행위와 다름없는 권한이 발생하게 되었다. 중앙정부는 나름의 이유(중국 전 지역의 경제개발을 위해서는 어쩔 수 없다는 식의 설명)가 있기는 하겠지만 지방정부는 지역개발에 더 초점을 맞출 수밖에 없게 된 것이다.

외국투자기업의 유치라는 명목하에서 가장 급속도로 이루어진 것이 바로 개발구(開發區)들이다. 중국경제개방이 경제특구에서 시작되었다면 그 뒤를 경제기술개발구·삼각주지역 개방·연해지역개방 등이 줄을 잇고 그 다음으로 각종 수출가공구나 각 지방의 고도기술개발구·공업성 등 명칭은 다르지만 기업을 유치하고 부동산(토지를 포함한)의 사용권을 매매하는 행위가 중국 전역에 열풍처럼 번져나 갔다.

그러다보니 각 지역이 주장하는 「우세점(特)」이 무엇을 의미하는 지조차 불분명한 상황이 발생하고 있다. 한 술 더 떠서 중앙정부의 방침에 배치되는 결정을 내리는 경우조차 지역발전이라는 명목 아래 흔히 생겨나고 있다.

이러한 문제들은 경제개혁이란 문제와 직결된 것이다. 즉 개혁이 전에는 경제권력은 거의 전적으로 중앙정부에 집중되어 있었고 지방 정부의 역할이란 사실상 상명하달의 중개기구에 불과했다. 물론 지 방정부가 독자적인 조직을 설립하여 지역이익과 관련된 경제활동을 하기는 했었지만 대부분의 사안이 중앙정부의 의도에 의거하여 각종 정책을 집행하는 수동적인 수준에 머물고 있었다.

이런 상황은 경제개혁 후 급격히 변했다. 초기단계의 외국자본 이 용은 중앙정부의 지시가 절대적인 권능을 가졌음은 사실이지만 확대 개방을 위해서는 자연스럽게 권력의 지방정부로의 이양이 필요하게 된 것이다.

중앙정부는 지방정부의 적극성을 고무하기 위해 외자이용 심의권 한을 일정 한도 내에서 지방정부로 이양하기 시작했다. 그에 따라 지방정부가 일정한 투자결정권을 갖게 되었을 뿐만 아니라 제한적 이기는 하지만 외국기업에 대한 각종 우대정책 수립권까지도 갖게 되었다.

또한 재정체제의 개혁에 의해 중앙과 지방정부 간 「분로반」(分爐

飯, 화롯불을 나누어 밥을 해먹는 것)이 이루어져 지방이익과 지방관념이 강화되었다. 경제활동과 경제이익의 주체자가 된 지방정부는 지방재정 수입의 증가, 지역 내 취업압력의 해소, 수출에 의한 외화획득 증대 등을 목적으로 한 적극적인 지역개발과 외국투자도입을 시작했다.

중앙정부권한의 지방이양이 가져온 이와 같은 현상은 많은 문제들을 낳고 있지만 대표적인 것이 바로 지역주의(regionalism)이다. 1933년 하반기부터 시행되고 있는 굉관조공정책도 금융개혁을 명분으로 내세우고 있기는 하지만, 실제 지역이기주의의 엄단을 통한 중앙정부의 역할증대라는 거시적 목표를 가지고 있는 것이다.

어떤 측면에서는 지역이기주의를 조장한 것이 중앙정부라는 비판도 있다. 중앙정부가 지방정부 지도자들에 대한 업적평가를 할 때 외자유치라는 실적에만 치중하였다. 그 때문에 지방정부는 중앙정부의 방침 여하를 불문하고 자신의 지역에 맹목적으로 투자유치를 했다는 것이다. 일부 성·시의 경우「활동수치」가 문제되어 좌천되거나 직위를 박탈당하는 예도 허다했음을 감안할 때, 실적경쟁은 의외로 심각하게 전개되고 있음을 알 수 있다.

이 과정에서「상유정책, 하유대책(上有政策, 下有對策)」의 구조는 심화되어 왔다. 세금감면만 해도 중앙정부가 2·3규정(2년 전액면세 3년 반액감면)을 내놓은 반면, 어떤 지역에서는 심지어 5·10규정(5년 전액면세 10년 반액감면)을 적용하기도 한다. 투자업체가 중앙규정을 거론하며 문제가 발생할 것을 우려하면 대답은「그저 괜찮다는 것」이다.

이처럼 지방마다 다른 투자관련 법규들은 외국투자기업에게 혼선을 빚게 하는 요인이 되고 있다. 하지만 홍콩·대만기업들은 이를 이용, 더 많은 우대정책을 향유할 수 있는 곳을 찾아 발빠르게 움직이고 있다. 이제는 연해뿐만 아니라 내륙의 소도시에서도 이러한 분위기가 만연되어 있다.

일부학자는 이것을 중국 정책설계의 착오라고 하기도 하고 경제체제의 변화에 편중된 정책시행 중 생겨난 혼란으로 보기도 한다. 그 파급효과가 중앙정부에서 성정부로, 성정부에서 시정부로 그리고 더 소규모 행정단위에까지 광범하게 퍼져나간 상태라는 점에서 앞으로 중앙정부의 고충이 늘어날 것으로 예상하고 있다. 금년부터 시행되고 있는 신세제(新稅制)에서 특히 토지부문에 대해 중앙규정에 위반되는 지방의 독자적 조치를 허용하지 않겠다는 것도 중앙정부가 이 문제의 심각성을 이미 인식하고 있다는 의미로 볼 수 있다.

또한 현재로서는 가시화되고 있지 않지만 이미 각 부문 간의 갈등도 서서히 나타나고 있다. 중국에서는 국가에는 국법이, 가정에는 가법이 있다(國有國法, 家有家法)는 전통이 남아 있고, 이는 더 분화된 이기적 행위들이 생겨날 것을 의미한다.

중국은 앞으로 지역주의·지역이기주의와 함께 부문(부서)이기주의와의 힘든 싸움을 벌이게 될 것이다.

새롭게 탄생하는 중국지도

90년대 중국을 적절히 표현할 수 있는 말은 무엇일까? 이미 변화의 10년이 80년대에 있었고 그 뒤를 잇는 90년대는 건설의 시대, 2000년에는 비상(飛翔)의 시대를 그리고 있는 것은 아닐까. 중국이 비룡(飛龍)이 되는 날 한국은 어떤 모습을 가져야 할 것인가?

중국은 90년대 들어 신주(神州, 춘추 전국시대 중국을 적현신주라 표현한 고문에서 따온 말로 요즘은 중국의 별명으로 쓰임)를 모두 건설의 열기 속으로 몰아넣고 있다. 개발구·빌라 등 부동산개발에서부터, 도로·항만·철도 등 사회기반시설과 기초건설 분야에 대한 투자를 계속 확대하고 있다.

바야흐로 중국은 거대한 건설현장이 되고 있다. 일부 지역은 워낙 땅을 깎고 땅을 파뒤집다보니 온세상이 뿌연 먼지로 가득 차 있다.

중국의 지도 이야기는 심심치 않게 나오는 주제 중의 하나다. 각 지역이 개발열풍에 휩싸여 어제의 공터에 오늘은 불도저 몇 대가 들어오고, 내일은 건물이 올라간다는 우스갯소리가 유행하고 있다. 이러한 현상을 두고 표면적으로 번영을 누리고 있으나 내부로는 심각한 위험이 도사리고 있다는 분석을 하는 견해들도 많다.

그런 의미에서 일반의 「개발」은 차치하고 중국정부가 90년대에 중점적으로 개발하고자 하는 건설항목을 살펴봄으로써 과연 어느 만큼의 변화가 「중국땅」에 있을 것인지를 보는 것은 90년대 중국 전체를 조명해 보는 데 중요한 의미를 지니는 것이다.

가장 관심을 끌고 있는 건설프로젝트 중 하나는 삼협(三峽)댐 건설이다. 세계지도를 바꿀 수 있을 정도의 대규모 공사로 최초 그 계획이 나타난 것은 40년도 넘는다.

중국이 남부지역이나 연해지역을 통한 제1의 도약을 보였다면 중국의 허리에 상당하는 양자강의 개발은 21세기를 겨냥한 것이라는 평가를 받고 있다. 장강중류에 위치한 삼협지역에 길이 1,983m, 높이 185m, 저수용량 약 400억㎥의 댐을 건설하는 것이다.

중국 역사가 시작된 이후 계속된 이른바 치수(治水)문제를 일거에 해결할 수 있을 것이라는 기대에 차 있다. 양자강지역은 지금도 세계 3대 홍수지역 중의 하나다. 이미 1992년 이후 준비를 거쳐 시공단계에 착수했으며 해당지역 주민의 이주작업이 시작되고 있다.

이와 관련하여 동양의 파리라는 중국 중부의 최대도시인 상해가 중국의 맨해턴을 겨냥한 변화를 하고 있다. 상해시 구역과 동쪽해안 간에 위치한 포동(浦東)지역을 개발하는 작업이 1990년 이후 계속되고 있는 것이다.

포동은 지역면적으로 볼 때 싱가포르에 상당한다. 상해가 가져온 역사적인 명성도 절대적인 플러스요인으로 작용한다. 이미 황포대교를 비롯 도로·항만·철도·공항·보세구역 및 전기·수도 등 사회간접자본이 정비되고 있다. 포동건설의 총투자금액은 1,000억 위안(175억 달러 이상)으로 삼협댐 건설보다 많은 자금이 투입된다.

동북지역의 건설프로젝트 가운데는 남북수조공정(南北水調工程)이 대형에 속한다. 중국의 동북지역은 예로부터 가뭄이 극심한 지역으로 중국은 이를 해결하기 위해 강소성(江蘇省) 양자강유역의 풍부한 수자원을 600년 전 건설된 북경~항주 대운하로 끌여들여 화북평원으로 연결시킬 계획을 갖고 있다.

이 계획이 완성될 경우 약 300만㎥의 수자원 공급을 통해 중국북방의 6개 성과 시 40만 ha의 토지가 용수문제를 해결할 수 있게 된다.

또한 북경에서 북한의 신의주 맞은편 도시인 단동(丹東)을 잇는 고속도로 건설도 앞으로 동북아의 형세변화를 겨냥한 것이다. 이 고속도로는 이미 1992년도에 착공한 것으로 길이가 850km에 이른다. 이 도로는 앞으로는 계속 건설될 북경~평양~서울, 북경~모스크바~런던을 잇는 국제도로의 일부분이기도 하다.

동북지역 최대규모인 흑룡강성의 하얼빈과 절강성(浙江省)의 항구도시인 영파(寧波)를 잇는 길이 3,500km의 도로건설도 주목된다. 이 도로가 완성될 경우 동북지역과 연해지역 간의 경제권 형성이 더욱 원활하게 될 수 있을 것이다.

실질적인 개발까지는 상당기간이 소요될 것으로 보이지만 이미 개발되고 있는 도문강(圖們江, 두만강) 개발도 간과할 수 없다. 중국·러시아·북한 3국의 접경지역인 도문강 하구를 개발, 이 지역을 국제자유경제구로 만드는 계획은 지속적으로 협의되고 있고 이미 각국이 독자적인 개발을 하고 있는 단계다.

정치적 요인으로 인해 실질적 개발에는 상당한 장애요인이 있음도 사실이지만 동해로의 출구확보라는 요인 때문에 중국정부는 강력한 애착을 보이고 있다. 이와 관련해서 중국은 이미 북한의 청진항을 활용하기 위한 개발에도 참여하고 있다.

중국남북 간의 교통시설 정비도 주목된다. 북경에서 홍콩의 구룡(九龍)까지 총연장 2,370km에 달하는 북경~구룡간 철로(京~九鐵路)는 중국의 남북운수에 획기적인 역할을 할 것으로 보인다. 현재 1995년 말 개통을 목표로 건설작업이 한창 진행중이다.

북경~광주 고속도로도 하북·하남·호북·호남 등 주요도시를 거치는 남북교통망의 일환으로 1992년부터 건설이 시작되었으며 2000년 완공을 목표로 하고 있다.

이밖에도 남부와 서북부에는 크고 작은 많은 건설프로젝트들이 진행되고 있다. 중국서북 감숙성(甘肅省) 난주시(蘭州市)에서 신강의 우루무치에 이르는 이른바 난신철로(蘭新鐵路)는 총연장이 1,600km에 달한다. 작년 초 이 철로에 대한 복선건설이 시작되었고 1995년에 완공될 예정이다.

이 철로는 아시아·유럽을 잇는 대륙교량의 일부로 복선화가 될 경우 지금까지 단선으로 인해 발생한 대륙 간 수송의 병목현상을 해결할 수 있게 될 것으로 보인다.

중국남부에서는 1988년 이후 성 전체가 경제특구로 지정된 해남성의 양포개발구(洋浦開發區)가 단연코 거대건설작업 중의 하나로 꼽힌다.

1992년 일본계 회사인 구마카이구미(홍콩, 態谷組 HK)가 해남성의 30만㎥ 토지에 대한 70년 간의 토지조차 개발권을 따냈고 1993년 8월에는 심천경제특구와 같은 배후지역에 대한 경계선 긋기(封關) 행사도 끝마친 상태다. 외국기업이 개발·관리하는 최초의 개발구로 앞으로 남부지역의 중요 경제개발구로 부상될 것으로 예상된다.

이와 같이 사회간접자본의 투자는 건설의 시대인 90년대의 중국지도를 빠른 속도로 변화시킬 것으로 예측된다. 비단 이러한 기초건설 작업들의 결과보다는 이로 인해 파생될 지역 간 발전의 촉진은 앞으로 중국경제를 더 경쟁력 있게 키워나가는 중요한 요소로 작용할 것이다. 중국개발의 맥을 읽어나가는 중국과의 비즈니스에서 빼놓을 수 없는 요소다.

그렇지만 이런 중국내 각종 건설 프로젝트에의 참여가 쉽지는 않다. 삼협댐 공사만 해도 중국내 자체 건설이 가능한 분야를 제외하고는 대부분 B. O. T. (build, operate transfer) 방식의 입찰을 하고 있다. 이에 따라 매우 장기간 이윤회수를 염두에 둔 진출이 불가피한 경우가 많다.

이런 점에도 불구하고 외국기업들의 중국 건설시장 참여의지는 하늘을 찌른다. 그것은 바로 중국의 오늘은 건설이 주가 되고 있음을 잘 파악하고 있기 때문이다.

지하경제의 왕국

중국에도 광범위한 지하경제가 형성되어 있다. 중국경제를 해부할 때 이 부분은 최근들어 주목을 받고 있는 분야이기도 하다. 중국경제에 대한 평가가 높아질수록 이 부문에 대한 연구는 늘어나고 있다.

지하경제란 글자 그대로 명목상의 경제성장 속에 포함되지 않는 것, 즉 정부부문에 신고되지 않는 경제활동을 가리키는 말이다.

이미 이탈리아 아르헨티나 등에서는 지하경제활동의 범람으로 국가경제력의 평가 자체에 혼선을 빚게 하는 요인이 되기도 한다. 중국경제도 장기적인 관점에서 지하경제의 지나친 범람이 가져다줄 성장의 저하에 대한 우려의 목소리가 높다.

개혁·개방 이전 시기의 중국은 사회분위기상 현재와는 다른, 지하경제라고 할 수 없을 정도의 미약한 지하 경제활동이 있었다. 사회주의 공유제의 원칙하에 삼반오반(三反五反, 국가행정기관·국영기업단위 내부에 대한 반부패·반낭비·반관료주의와 상공업계에 대한 반뇌물·반탈세·반국가재산노략질·反偸工減料·반경제정보 누설)운동 등 일련의 정치·사상적인 선풍으로 지하경제의 활동이 사실상 마비되는 지경에 있었던 것이다. 그러나 지난 10여년간 경제 개발의 본격화는 중국 지하경제의 뼈와 살을 공고히 해주는 원천이 된 것으로 평가된다.

중국에서 흔히 이야기하는 이른바 「회색경제」「숨은경제」 등은 탈 세나 각종 법률규제를 피해가면서 정부에 신고하지 않은 경제행위를 뜻한다.

이는 최근 실시되고 있는 굉관조공정책이 부정부패라는 사회적인 문제로까지 이어지는 근본적인 원인을 제공해 주고 있는 문제이기도 하다. 대략 최근에 일어나고 있는 이와 같은 지하경제의 구성요소들 을 살펴보면 다음과 같다.

가장 보편화된 지하경제의 자금원은 불법 경제행위에서 이루어진 다. 밀수·마약 등 약물판매, 매음 및 뇌물수수·모조상품제조 등이 여기에 속한다. 밀수는 중국연해 전지역에 걸쳐 성행하고 있고 그중 에서도 자동차·오토바이와 관련부품, 컴퓨터·가전제품(TV·녹음 기가 위주) 및 외제담배 등이 있고 이 상품들의 밀수량은 상상을 초 월할 정도로 시장점유율이 높다.

마약도 연간 무역량이 10억 위안에 달하는 것으로 추산될 만큼 거 래량이 많다. 수뢰 또는 커미션 방식으로 개인 수중에 들어가는 자 금도 연간 약 600억~700억 위안에 상당하는 것으로 추산된다. 매춘 도 초기의 일부 계층에 한정되어 있던 것이 점차 조직화되면서 범위 가 넓어지고 있다.

이와 함께 기업에 의한 고의적인 신고누락 자금도 상당하다. 거의 대다수의 기업들은 탈세를 목적으로 수입을 낮게 신고하는 경우가 보편화되어 있다.

국가세무기관의 조사자료에 따르면 매년 유실되는 세금은 약 1,000억 위안대에 달하고 있고 세금포탈의 주체도 국영기업의 50%, 집체(集體)기업의 60%, 개체(個體)·사영(私營)기업의 약 80%로 광범위하게 유행하고 있는 것으로 보고 있다.

또한 규제를 받지 않을 정도의 경제활동분야가 늘어나고 있는 요소도 배제할 수 없다. 거리의 가판점이나 집시무역(集市貿易, 농촌의 자유무역시장) 및 겸직이나 커미션 등이 이에 속한다. 다수의 기업근로자들이 겸직을 통해 수입증대를 꾀하고 있고, 도시가정에서도 부수입원이 점차 늘어나고 있다.

비공식 통계이기는 하지만 중국 일반근로자의 임금외 수입은 1978년 3%에 불과하던 것이 1985년 26%, 1992년에는 40% 수준을 웃돌고 있는 것으로 나타나고 있다. 증가폭이 컸던 시기는 78~81년, 84~87년으로 나타난다. 통계상으로 살펴보아도 이 점은 매우 명확하게 드러난다.

1992년의 연간 임금수입이 3,890위안인 가정이 소비지출은 5,021위안이고 저축금액도 1,888위안, 현금유통금액도 2,168위안에 달한다고 할 경우, 대략 임금외 비정상 수입은 약 5,187위안으로 연간 정상수입의 1.33배나 되는 현상이 나타난다. 지하수입이 지상수입을 웃도는 것이다.

1988년경을 기준점으로 중국 일반인의 지하수입은 지상수입액을 넘어섰다고 평가되고 있는 상황이다보니 현시점에서 이는 별반 이상한 일이 되지 못할 정도가 된 것이다.

현재 중국 지하경제의 규모는 GDP(국내총생산)의 30~40%선으로 평가된다. 국가세무국의 추계에 따를 것 같으면 전체 세금수입총액 3,000억 위안 중 1/3이 지하경제로 유입되고 있다.

중국은 이제 지하경제의 왕국이 될 날이 멀지 않은 것도 같다. 현재 중국 일반인들의 생활에서 지하경제의 존재가 더 이상 지하에만 머물러 있지 않다는 점이 더 큰 사회문제로 등장한다.

지하삼불관(地下三不官)이란 말이 현재 중국에 널리 퍼져 있는데, 이는 바로 부패와 낭비, 관료주의가 지하에서 횡행하고 있다는 것을 의미한다. 그래서 중국 일반국민들 사이에서도 정상적이고 합법적인 생활을 어리석은 것으로 인식하는 풍조가 만연하고 있다.

그러다보니 중국정부나 학자들이 공식적인 통계에 의해 입안하는 각종 경제정책이란 것이 시행착오를 겪게 될 공산이 커진다는 것이다. 예를 들어 통화억제정책이니 긴축정책이니 하는 것들도 일정 규모하에서 진행되어야 하지만 그 정도를 파악하기 곤란한 상황까지도 발생하는 것이다. 더구나 지방정부의 경우, 중앙정부에 비해 이러한 지하경제의 팽창이 가져다주는 이득을 누릴 수 있는 장점이 있다는 점에서는 사실상 확대의 여지가 마련되어 있었던 것이다.

중국으로서는 1994년이 중요한 한 해가 될 것 같다. 이런저런 문제들로 인해 개혁·개방 이후 평가되는 각종 제도의 개혁이 이루어지고 있다.

환율의 단일환율제도와 신세제가 실시되고 있고 금융·제정·대외무역체제·국유기업재편·중앙과 지방간의 분세제 실시 등 일련의 개혁작업이 본격화되고 있다. 그렇지만 지하경제의 특성이란 끈질긴 생명력을 가지고 있는 것이어서 과연 정부가 효율적인 시장정책을 사용하여 이를 근절시킬 수 있을지는 의문이 남는다.

지하(地下)의 경제행위는 지상으로 드러난 모습만큼이나 실제 비즈니스에서 중요한 역할을 한다. 중국시장으로 가는 우리도 이 문제를 도외시할 수 없다. 장사꾼은 대상환경이 어떻든 장사가 중요하기 때문이다.

장님이 안경을 끼면

중국신문에서 흔히 볼 수 있는 몇 가지 용어가 있다. 외상·외국기업·합작·합자기업·삼자기업(三資企業) 등이 그것이다. 중국이 외국투자를 본격적으로 도입하기 시작한 80년대 중반 이후 이 단어들은 곧 중국경제발전의 표상처럼 여겨지고 있다.

중국의 외자도입방식은 여러 가지 구분이 있다. 민간투자도입을 투자형·무역형 및 민간금융 차관형 등으로 나누는 방식이 있으며, 삼자기업을 중심으로 기타 변형형태를 모두 투자형태로 보는 경우도 있다.

대외적으로 가장 많이 알려진 것은 직접투자와 합자·합작·독자(獨資)의 형태다. 대부분 대중국투자는 사실상 이 3가지 유형이나 실제로는 여러 가지 변형된 형태를 취하고 있다.

중국의 투자정책상 외자도입방식을 보면 합자경영·합작경영·외자경영·합작개발·합작건설·합작생산·보상무역·위탁가공·리스의 9가지 방식으로 요약할 수 있다.

합자경영은 앞에서 설명한 방법 가운데 가장 보편적인 유형에 속한다. 「중화인민공화국 중외합자경영기업법」에 근거한 투자법이며, 다른 나라에서도 흔히 볼 수 있는 투자쌍방의 조인트 벤처(joint venture)를 근간으로 한다.

특징으로는 쌍방이 공동으로 출자·경영하며 투자비례에 따라 위험과 이익을 향유하지만 단 주식권의 평가방식이 화폐를 기초로 하는 것과 유한책임회사의 방식으로 자체 자산범위 내 채무책임을 지는 것 등이 있다.

합작경영은 「중화인민공화국 중외합작경영기업법」을 근거로 하며 중외(中外)쌍방이 계약식 합작경영을 하는 것이다. 모든 사안이 주식비례에 따르는 합자와는 달리 계약에 의해 출자방식·출자액·권리와 책임, 이윤분배·손실발생시의 책임소재, 손익분배 등 이 계약에 삽입되는 것이 가장 큰 특징이다.

외국기업의 독자경영은 흔히 외자·독자·100% 외자 등 다양하게 불려진다. 근거법은 「외자기업법」이다. 전체자본을 외국투자자가 투자하고 독립채산제로 운영된다. 경영의 자주권이 중국 법률범위 내에서 인정되고 자체적으로 외환수지균형을 이루어야 한다.

중외(中外)합작개발은 외국기업의 중국 내, 특히 연해지역 석유개발에 해당하는 것이다. 중·일 간에 공동개발 중인 발해만의 북해전, 중·미 합작 남해유전(南海油田) 등이 이에 해당한다. 근거법은 「중화인민공화국 대외합작해양석유자원 채굴조례」이다. 쌍방이 각자 법인신분으로 합작을 진행하며 중국 내에서 연합경영하는 법인실체가 따로 필요하지 않다. 단 연합관리위원회가 구성되어 최고 권력기구로서 계약집행·관리 등을 받게 된다.

중외합작건설은 건설분야의 합작유형으로 쌍방이 합작경영방식으로 호텔·빌딩·아파트 및 민간주택을 건설하는 것이다. 단 판매대상은 중국 내에 정착한 귀국화교 및 가족들이나 중국 내에 장기 거주하는 외국기업(인)에 한정되어 있다. 쌍방이 법인신분으로 계약이 체결되고 중국측은 토지사용권, 외국측은 현금 등 투자로 공동건설하는 것이 일반적이다.

중외합작생산은 실제 합작경영과 동일한 유형방식에 속하지만 기술도입분야가 강조되고 있는 방식이다. 계약체결 후 중국 내 법인설립은 필요하지 않다. 계약에 의거 기술이전측의 지도하에 피이전측이 일정 상품을 생산하는 것이다. 대개 항공기나 대형정밀기계 등 기술적인 요구가 높은 프로젝트가 이에 해당한다.

보상무역은 무역에 가까운 요소가 많지만 설비도입 후 생산제품으로 상환되는 유형까지 감안하면 투자의 한 유형으로도 볼 수 있다. 보상무역은 주로 중외 법인조직 간에 직접 진행하는 중소형 규모의 거래가 많다.

내료가공(來料加工, 원료도입 및 가공생산)이나 내건장배(來件裝配, 부품도입 및 조립생산)방식 등 위탁가공은 중국 남부일원에서는 보편화된 방식 중의 하나로 용어상 일괄적으로 위탁가공·조립으로 정의될 수 있다.

유형은 외국기업이 원자재·부품을 제공하고 중국기업이 이를 가공·조립·완제품화하는 것으로 중국기업은 그에 상응하는 노무비용만을 받는 방식에서부터 외국기업이 자기자본으로 기계설비나 조립라인에 투자하고 중국측이 이를 운용, 생산제품으로 설비투자분을 갚아나가는 방식 등 매우 다양하다.

중국투자를 생각하는 기업이 가장 먼저 당면하는 문제 중의 하나가 바로 투자유형의 선택으로 여겨진다. 다양한 유형 중 어떤 방식을 택할 것인가는 심각한 문제다. 유형마다 사업의 성격에 따라 상이한 장·단점이 발생할 수 있다. 그러므로 이 방식이 반드시 바람직하다는 견해를 제시하기가 무척 까다롭다.

설명이 장황하게 됐지만, 이렇게라도 중국투자의 유형은 반드시 짚고 넘어가야 할 문제다. 중국에서 만난 많은 한국기업, 그것도 투자조사차 왔다는 기업들조차 중국투자의 기본이라고 생각되는 이런 사실조차 모르고 있음을 경험했기 때문이다. 아무리 모른다 해도 1+1을 모르고 미분이니 적분이니를 따져봐야 그것에는 무리가 따를 수밖에 없다.

더욱이 중국의 외자도입방식은 날이 갈수록 더욱 다양화·변형화되고 있는 추세다. 이제 투자의 개념을 정립하지 않고 중국시장 진출을 내다보는 것은 장님이 안경을 낀 형상이 될 수밖에 없는 상황이다.

불붙은 중국 소비시장

중국 소비시장이 변하고 있다. 일부에서는 혁명이라는 표현까지 사용할 정도다.

70년대 자전거·재봉틀·시계로 대표되던 중국소비자들의 소비성향이 80년대 초에는 컬러 TV·냉장고·세탁기로 바뀌면서 제1차 소비혁명이 일어났다. 90년대 들어오자 비디오카메라·가정용 전화기·에어콘·순간온수기·전자레인지 등 품목의 다양성과 고급화 추세의 제2차 소비혁명이 일고 있다.

80년대는 주민수입이 증가하여 그 이전의 저수입 구조가 붕괴되면서 주민소비도 피동형의 저소비 형식에서 점차 탈피하기 시작했던 단계라면 90년대는 의식주 해결수준에서 벗어난 생활의 향상으로 소비패턴의 변화폭이 더욱 강도 높게 진행되고 있는 것이다.

엥겔지수의 하락속도가 빨라지고 있고 주식(主食) 비중은 줄고 부식(副食) 비중이 증가하는 한편 고급소비제품에 대한 수요도 점차 다중화·다원화되고 있다.

중국소비시장의 잠재력은 이미 오래 전부터 인식되어온 터다. 중국은 전세계 인구의 1/5을 차지하는 12억의 인구를 경제의 근간으로 삼고 있다. 특히 70년대 말 개혁·개방 이후 경제발전과 함께 이른바 소비가능인구는 급속도로 증가하고 있는 추세다.

이러한 현상은 연해지역뿐만 아니라 주요도시 인구의 집중과 무관하지 않다. 중국내륙지역 인구들도 점차 도시화되는 현상을 보이고 있는 것이다.

현재 중국 내 31개 성시(城市)가 인구 100만 명이 넘는 도시로 그중 대표적인 지역으로 상해(750만 명)·북경(580만 명)·천진(460만 명)·심양·무한·광주·하얼빈·중경·남경 등을 들 수 있다.

1992년 말 현재 중국의 도시인구 대 농촌인구의 비율은 26 : 74인데 이는 앞으로 급격히 바뀔 것이며 이에 따라 서방 유명브랜드 제품의 급속한 유입으로 점차 일반주민의 상품선호도는 도시·농촌을 가리지 않고 고급화를 지향하고 있다.

민간 소비력의 증대는 소비패턴에서 고급화·다양화·개성화를 강조하고 있다. 가격지향적이라기보다는 새롭고 특별하고 디자인 및 품질도 좋은 상품을 구매하려는 패턴이 확산되고 있는 것이다.

90년대 소비의 특징은 중국 전인구의 1~3%에 해당하는 특수 고소득 계층에 의해 소비성향이 선도되고 있다는 점이다. 더구나 중국 공산당이나 정부측이 민간소비행태에 대해 제한을 가하지 않고 오히려 소비력의 과시를 중국이 추구하고 있는 개혁·개방성과의 향유로 인정하고 있다. 돈만 있으면 누구든지 있는 만큼 쓸 수 있는 사회관념 형성에 방관적인 태도를 취하고 있다.

실제 중국언론들은 북경에 위치하고 있는 고급품 전문상가에서 하나에 수십만 위안을 호가하는 스위스제 시계를 쉽게 사는 사람들이 있음을 보도하고 있다.

도시지역에서는 이미 컬러 TV · 냉장고 · 세탁기는 큰 무리 없이도 살 수 있는 생활용품이 되었다. 이제 중국 도시지역 소비자들의 가장 큰 관심사는 언제 개인 승용차를 구입하고 개인소유 아파트를 구입하느냐 하는 데 집중되고 있다.

이미 도시지역의 가정에서는 전화 · 실내장식 · 주방위생시설 현대화 · 에어컨 · 가라오케 등을 비롯하여 귀금속 · 화장품 · 고급의류에까지 소비의 열풍이 밀어닥치고 있다. 이러한 추세라면 2000년에 이르기까지 중국소비는 주거관련 및 가정설비용품에 대한 폭발적인 수요가 있을 것이라는 예상도 나오고 있다.

90년대 들어 판매액이 급격히 증대되고 있는 품목을 보면 중국소비의 현황과 향후 소비주도상품을 파악할 수 있다.

아동용품의 소비는 중국의 사회구조와 무관하지 않다. 중국의 독자(獨子)정책으로 생겨난 도시가정의 외아들은 부모 · 할아버지 · 할머니 · 외할아버지 · 외할머니 등 6명의 신하를 거느린 황태자로 지칭될 정도다. 이에 따라 아동용 상품은 상품가격을 불문하고 소비의 최고조를 유지하고 있다.

아동용 의류 · 식품 · 완구 · 영양제 등은 약간의 브랜드 이미지만 갖추면 날개 돋친 듯 팔려나가고 있다. 한국 J제과의 「톡톡이」 캔디가 중국에서 사회문제화될 정도로 팔린 것도 이것을 사달라고 조르는 아이들의 등쌀에 부모들이 못이기는 상황이 발생했기 때문이다.

도시생활의 변화와 함께 식생활의 변화가 생기고 있는 점도 주목할 만하다. 과거 요리를 위해 많은 시간을 빼앗긴 도시인들이 간편한 패스트푸드를 찾는 경향이 급격히 늘어나고 있다. 이는 새로운 식품기호를 창출하고 있고 이에 따라 라면 등 각종 가공식품들의 소비가 급증하고 있다.

가전제품의 경우도 이제 어지간한 가정이면 TV 등은 갖추고 있다. 따라서 비디오카메라, 오디오 등 고급제품을 선호하는 쪽으로 가고 있으며 TV의 경우도 소형보다는 대형으로 대체되는 경향이 강하다. 각종 가정생활을 편리하게 해주는 전자제품들에 대한 구매욕이 점점 높아지고 있다.

또한 전통적으로 결혼 등 행사에 대한 소비가 높은 중국인들이 소득수준이 증대됨에 따라 고급 혼수용품을 지향하고 있다. 최근에는 결혼 필수품으로 오디오·비디오카메라를 포함한 전자제품뿐만 아니라 고급가구 등도 등장하고 있다.

의류 등 패션용품에 대한 기호가 높아지는 것도 주목된다. 정장·레저복·캐주얼복 등 용도별 구매도 늘고 있고 금은제 남녀 신변장신구의 선호도도 높다. 개인용 주택보급 확대에 따른 가구·실내용품·침실용품 등의 상품들도 꾸준히 수요가 증대하고 있다.

이러한 수요경향은 중국의 소매업을 급속히 발달시키고 있다. 과거 배급식 체제는 탈피한 지 오래다. 최근에는 일반상품의 도·소매점은 물론 백화점·연쇄점 등이 확산되고 있고 24시간 영업점·슈퍼마켓도 생겨났다.

1992년 중국백화점 중 영업액이 가장 높았던 상해제일백화점의 경우 영업액만도 13억 5,000만 위안을 기록하고 있다. 영업액 기준 30대 백화점 중에서는 상해·북경·청진 등 연해 대도시뿐 아니라 남경·무한·하얼빈·무석·항주·장사(長沙) 등이 들어 있다는 점도 주목할 만하다. 이는 내륙지역의 경우도 연해지역에 비해 발달이 늦기는 하지만 기초적인 시장잠재력은 충분히 갖추고 있다는 점을 증명해 주고 있는 것이다.

미확인 통계이기는 하지만 광동성 광주와 상해지역의 가전용품 보유율을 보면 컬러 TV의 경우 광주가 95%, 상해가 93%, 비디오카메라의 경우도 각각 62%, 56%의 높은 보급률을 보이고 있다. 얼마 있지 않아 중국소비시장은 제3단계 소비혁명을 맞이하게 될 것으로 보인다.

세계경제 속의 중국호

중국경제의 오늘은 이륙(離陸)단계라 할 수 있다. 그러나 세계경제의 흐름에 대한 중국의 고민도 높아만 가고 있다. 가장 대표적인 예가 중·미 간의 마찰현상이다.

1993년의 경우 화학무기 적재를 이유로 강제로 정선(停船)당한 중국배 은하호(銀河號) 사건에서부터 2000년 북경 올림픽에 대한 미국의 조직적 방해, 중국의 핵실험, 지속되는 인권상황 논쟁 등 정치적인 분기로 미국의 외교정책에서 「중국카드」는 사라졌다는 견해들이 대두되고 있다.

그러나 올해 들어 지금까지 미국의 대중국정책은 점차 경제우선화되는 듯한 느낌이 들고 있다. 미국은 이미 대외경제면에서 일본과 유럽공동체의 강력한 도전에 직면해 있다. 해외시장에서 더 이상 확장의 여지를 가진 곳이 많지 않다.

미국의 입장에서 중국은 12억의 거대 잠재수요를 가진 개발도상국으로 자국기업들에 진출기회를 줄 수 있는 유일한 나라다. 이 시점에서 중국과의 합작은 사실상 필수불가결하다. 시애틀에서 열린 APEC(아시아·태평양 경제회담) 회의를 고비로 양국관계는 상당한 호전기미를 보이고 있는 것도 경제적인 협력의 필요성이 높게 대두된 것으로 볼 수 있다.

세계경제질서를 재편하는 우루과이라운드의 타결에서 중국은 특별한 입장을 보이지 않았다. 아무런 역할을 하지 못한 것이다. 아직은 옵서버이지 가트(GATT)의 체약국으로 복귀하지 못했기 때문이다. 그러나 중국은 GATT 가입을 위해 총력을 기울이고 있다. 국제경제질서 속에 들어가지 않고는 견디기 어렵다는 판단이 선 것이다.

중국의 GATT 가입 노력은 이른바 사회주의 시장경제체제가 충분한 경쟁력을 가지고 있다는 확신에서 비롯된다. 지난해 이후 중국의 GATT 가입노력은 2000년 올림픽 문제보다도 더 치열하게 전개되는 양상이었는데 금년 중 실현도 아직은 미지수다. 중국측의 발표에 따르면 이미 체약초안 수정작업에 들어가고 있다고는 하지만 미국 및 유럽 각국들의 눈에는 아직도 중국의 개방이 충분하지 않은 것이다.

GATT 복귀에 대한 열정의 이면에는 중국상품의 수출이라는 과제가 내포되어 있다. GATT 복귀준비를 위한 각종 규제의 완화로 1993년도에는 3년만에 처음 100억 달러가 넘는 적자를 보기는 했지만 수출이 원활하게 된다면 이는 조만간 회복되리라는 전망인 것이다.

중국의 개방·개혁정책이 대체로 개방→ 외국자본·기술도입→ 국내산업 육성→ 해외경쟁력 확보→ 국내시장의 점진적 개방→ 해외수출확대→ 국내경제의 활성화 흐름으로 이어져 왔음을 고려한다면 가장 중요한 요인은 철저한 수출드라이브 정책의 정착이 관건이 될 수밖에 없다. 더욱이 저렴한 노동력에 의해 생산되는 중국상품은 충분한 경쟁력을 갖추고 있다.

중국이 90년대 들어 준비하고 있는 일련의 개방확대 프로그램은 대부분 이와 같은 국제경제권에의 적극적 참여를 전제로 한 것이다.

대표적인 예가 바로 대외무역 체제상의 변화에서 비롯된다. 중국상품 또는 중국산 홍콩제품의 수출확대는 상대국가와의 무역적자 확대·심화현상을 두드러지게 하는 요인이 되고 있다. 특히 중·미간 문제에서 이 점은 때로는 경제문제가 아닌 정치적인 현안으로 가시화되는 경우도 발생하고 있다. 따라서 장기적인 경제개혁계획을 대외적으로 보여주어야 할 의무가 생겼고 그에 따라 상당한 변화가 일어나고 있다.

지난 1992년 중·미 간의 「일반법 301조」에 관한 협상과 관련, 중국은 앞으로 5년간 관세인하를 통하여 수출입 규제와 수입대체정책을 취소키로 했다. 또한 무역시장의 투명도를 증가시키고 점차 국내시장을 개방하기로 동의했다. 이에 따라 지난 1992년 3,000여개 품목의 수입관세율이 인하되었고 1993년에도 두 차례에 걸쳐 수입관세를 대폭 낮춰 관세율의 총수준을 8% 대로 끌어내렸다.

또한 수입허가증 제한상품도 줄이기 시작하여 1992년 중 제2류 및 제3류 상품에 대한 수입허가증 관리제도를 폐지하였고, 앞으로 3년 내에 수입허가증 대상상품을 4/5 수준으로 줄일 계획이다. 국내의 유통소매시장과 서비스업 등도 점진적으로 개방되고 있는 상황이다.

그러나 중국정부의 입장은 대외개방만이 능사가 아니라는 점에서 정책의 병목현상도 느끼고 있다. 작년 하반기부터 실시되고 있는 이른바 굉관조공정책은 경제과열이 무리한 개방확대에 있다는 점을 직시, 대내적인 정비를 통한 개방의 순차적 수행이라는 과제를 남겨주고 있다.

대외적으로 중국이 처한 입장은 현재의 개방속도를 능가하는 본질적인 개방에 대한 압력이다. 이는 중국이 비록 사회주의 시장경제이론을 통해 시장경제 메커니즘을 대폭 수용했다고는 하지만 단기간 내에 확대·시행할 수 있는 것은 아니다.

대내적으로도 중국 국유기업들의 대외경쟁력(국제경쟁력)은 충분하지 못하다는 평가이고 이에 대한 대책도 필요한 상황이다.

더욱이 제도적 차원에서 사회간접자본에 상당하는 재정·세제·금융 등 각종 행정적 체계가 변혁기에 처해 있고 이 문제들을 명확히 해결하지 않은 상태에서 대외개방만을 확대하기에는 중국경제가 너무 취약한 점이 많다.

이러한 과제들에 대한 인식이 공식적으로 표출된 것이 1993년 10월 개최된 중공당 14기 3중전회로 볼 수 있다. 그래서인지 이 행사를 중국의 「제2의 개혁」이라는 평가를 하고 있는 것이다. 이 회의에서 언급된 각종 사안들은 앞으로 최소한 중국경제의 5년을 읽는 데 중요한 도움이 된다.

예를 들어 환율의 단일환율제 실시는 중국경제가 이중환율제를 운영하는 상태에서는 결코 국제경제질서에 진입할 수 없다는 인식에서 비롯되고 있고, 세제의 개혁은 중국기업의 경쟁력을 높이는 역할을 하게 될 것이다. 장기적으로 대내외적 안정을 위해서는 단기적 혼란도 불사하겠다는 태도로 보이기도 한다.

그렇지만 1993년 중국경제의 현황으로 볼 때, 중국경제의 앞길이 그리 투명하지만은 않다. 시장개방으로 인해 발생한 큰 폭의 무역적자와 함께 앞으로 1~2년 무역적자를 회피할 수 없을 것이라는 예측들이 나오고 있다.

최혜국대우·지적 소유권 문제 등은 여전히 중·미간 통상문제로 남아 있다. 정치적인 면에서도, 올림픽 유치사건에서도 볼 수 있었듯이 중국을 견제하려는 미·유럽세와의 상충성을 일거에 해결할 묘수는 없다.

그럼에도 중국은 경제개방을 확대할 수밖에 없는 상황이다. 중국의 경제개혁에 대한 자신감은 오늘의 중국을 지배하는「세계의 중국」을 위한 논리들과 맞물려 있다. 일부 분석가들은 중국경제가 이미 세계 3위의 경제력을 가진 것으로 평가하고 있으며, 21세기는 중국의 세기가 될 것으로 보고 있다. 실제 중국이 지난 10여년간 보여준 경제적인 성과는 이를 증명해 준다.

또한 중국은 각 지역경제권의 심화와 관련, 대아시아 전략을 강화하는 한편 중국인을 중심으로 한 이른바 화인(華人) 네트워크를 긴밀히 하고 있다. 지역전략으로 화남·화중·화북경제를 더욱 심화·발전시키는 데 총력을 기울이고 있다.

중국의 GATT 복귀는 중국 대외무역액의 연간 400억 달러의 증대효과를 가져올 것으로 예측되고 있다. 중국은 경제의 국제화를 이루지 않고는 중국이 원하는 경제발전을 유지할 수 없을 것임을 너무나 잘 알고 있다.

중국 속의 한국인 한국기업

카멜레온이 따로 없다

80년대 후반부터 7~8년 중국장사를 해온 한 중소기업 사장이 이런 말을 한 적이 있다.

『최선생, 도대체 중국이란 나라 색깔이 어떤 겁니까? 장미빛입니까 아니면 먹구름입니까? 갈 때마다 생각이 달라지니 이건 뭐 종잡을 수 없어서……』

벌써 50여 차례 이상 다녀온 기업인일지라도 중국에 대한 시각은 시시각각 변하고 있다. 어떤 때는 너무 힘겹고, 어떤 때는 생각보다 쉽게 해결되어 어리둥절하고, 느낌의 정도차가 너무 크다보니 이것은 본인탓만은 아닌 것 같다는 생각까지 드는 것이 오늘의 현실이다.

처음 중국을 방문한 사람 중에는 장미빛 판단을 하는 경우가 상대적으로 많다. 비즈니스맨의 경우는 대충 한 건 올려야 한다는 사명감도 있고 자신감도 있다.

허점 투성이에다 우리의 60~70년대를 보는 것 같아 조금만 찾다보면 돈 될 「거리」가 널려 있는 것도 같다. 어디가 첫 방문지였는지에 따른 지역성도 변수로 작용하기는 하지만 욕심이 앞선 경우 이 경향은 더 심하다.

장미빛을 보고 한국에 다시 돌아왔다가 두 번째 중국을 방문할 때는 결실을 거두기 바라며 점찍어 놓았던 비즈니스를 시도하면서부터 색깔은 변한다.

이때가 바로「황색주의보」를 느끼기 시작할 때다. 장미빛의 잔영이 조금 남아 있기는 해도 이런저런 과정에서『아, 이거 쉽지 않구나』하는 감을 잡게 된다.

그 다음 서너 차례 방문에서는 나름대로 중국사회를 배우느라 여러 책을 준비하여 읽기도 하고 중국인과의 상담술 및 지역별 연구를 하게 된다. 그래도 비즈니스가 손쉽게 풀릴 확률은 아주 낮다. 이때가 바로「암흑기」다. 중국에 대해 나름대로 절망하고 그러면서도 무엇이든 건지고 싶은 막연한 시기다. 즉 고비에 해당하는 때다.

그러다 어느 시점에 이르면 무색투명의 시간이 온다. 이를테면「적응기」인 셈이다. 여기에 가서「아」라고 했다가도 저기에서「어」로 고치면 고개를 끄덕이며 그럴 수 있다고 수용하는 때다. 사람에 따라 다르지만 여기까지 오는 데도 1~2년의 시간이 필요하다. 물론 이런 흐름이 모든 사람에게 똑같지는 않다.

이제부터는 중국이 어렵다는 말을 해도 왜 어려운지를 아는 상태가 된다. 『중국 비즈니스 쉽지 않다』라는 말을 다른 사람이 들으면 언뜻 패기없어 보이겠지만 이러한 배경을 알면 이해가 간다.

대략 이런 식으로 중국에 대한 색깔관(觀)이 형성된다. 암흑기에서 견디지 못한 많은 사람들이『중국은 더러워, 중국사람들은 다 똑

같아』라고 한다. 중국의 중자만 들어도 구역질이 난다는 사람도 있고 모 사장의 경우 중국쪽은 아예 쳐다보지도 않겠다고 다짐하기도 한다.

이와는 약간 다른 행로이기는 하지만 처음부터 끝까지 아예 회색만을 보는 사람들도 있다. 중국에 대한 나름의 입장을 정리하고 접근하는 사람들에게서 종종 볼 수 있다. 실망할 확률이 훨씬 낮다. 그러려니 하면서 그에 맞게 적응하기도 한다.

왜 중국에 대한 우리의 시각은 이런 것일까를 따지기 전에 중국은 무슨 이유로 카멜레온처럼 색깔이 쉴새없이 변하는가를 알아보아야 한다. 중국은 변수가 많은 나라다. 변수의 요인도 다양하다. 사회·정치·문화·경제적인 요인 등이 이에 속한다. 단순히 경제적인 시각만으로 접근한 비즈니스맨에게는 치명적인 약점이 있다. 사회와 문화의 요소를 망각하기 쉽기 때문이다.

중국을 이해하기보다는 중국에서 한탕을 꿈꾸는 것도 문제다. 이해 대신 한탕을 선호하는 것은 복권에 목숨을 거는 것과 다를 바 없다. 중국은 빙고게임장은 아닌 것이다.

한국에서는 장미빛 경험을 가진 사람들이 자랑스레 중국을 이야기하는 모습을 흔히 볼 수 있다. 중국인들은 그 말을 들으면 자아도취환자로 볼 수도 있겠지만, 중국은 은근히 그것을 부추겨 주는 테크닉도 있다. 사회에 영향력이 있는 사람들이 중국을 방문했다가 한번쯤 신문이나 잡지에 투고한 글을 읽고 있노라면 웃음이 나온다. 중국에서 근무하는 사람들은 그런 글을 보면 콧방귀를 뀐다.

이와는 반대로 아예 중국을 흑색지대로 만들어 가는 사람들도 있다. 중국은 멀었다느니, 중국은 아직 우리의 50년대나 전근대적인 사회로 간주해 버리는 것이다.

자세히 들여다볼 기회가 없이 우연한 장면을 목도한 사람들이 대체로 이런 부류에 속한다. 백두산으로 가는 길에 들린 칸막이 없는 화장실을 봤다거나, 역 앞에서부터 10리 길을 따라오는 예닐곱 살짜리「앵벌이들」에게 시달린 사람, 이렇다 할 설명도 듣지 못한 채 하루종일 비행기를 기다린 경험이 있는 사람, 말이 안 통해 무지하게 바가지를 뒤집어 쓴 경우 등을 당하고 나면 곧잘 이런 말을 한다.

사람마다 견해는 다를 수 있다. 경험이 다르기 때문이다. 그러나 한 번 형성된 잘못된 선입견은 그 결과가 좋게 나타나지 않는다. 그래서 나는 이런 말을 하고 싶다. 『선생님, 중국은 그렇습니다. 매일 변하는 나라니 오죽합니까? 되는 일도, 안 되는 일도 없다는 것은 사실입니다. 색깔요. 그건「무지개색」이 혼합된 것 아닙니까?』

한국기업에서 보내온 팩스 3장

한국기업의 대중국투자를 이야기하는 데 빼놓을 수 없는 것은 실패 사례다. 손해를 본 업체에는 안 된 말이지만 투자하려는 기업에는 다시 없는 「성공의 거울」이 되기 때문이다.

새해들어 며칠 지나지 않아 받은 팩스 3장의 사연은 그런 면에서 귀중한 자료가 된다. 기업 스스로 실패했음을 인정하고 있고 두서없기는 하지만 기업의 사정도 어느 정도 담겨 있다. 문제는 중국측에만 잘못이 있으니 이를 기사화하여 알려 달라는 것이다.

팩스 첫 페이지에는 친절하게 「한·중 수교 전후를 통해 중국에 투자한 한국업체들 중 실패한 업체들의 사례가 아직 공식적으로 지상을 통해 공개되지 않고 있는 실정」이라는 현황 소개와 함께 기사의 제공이 「차후 이미 투자한 업체나 투자(희망)업체들에 경종을 울릴 목적」임을 밝히고 있다. 나머지 2장의 팩스 내용은 대략 이렇다.

가구·액자 생산업체인 J사는 지난 1992년 등록자본 60만 달러, 총투자 85만 달러 규모로 중국측 파트너와의 합자계약에 서명, 그해

9월 정식 등기절차를 마쳤다.

J사는 한국측의 출자분 36만 달러 중 80%를 1992년 말에, 나머지를 1993년 6월에 출자 완료했다. 그후 원자재 수급문제로 가구제품 생산에 무리가 생기자 액자생산에 주력, 1993년 10월까지 19만 5,000달러를 자재대금의 형태로 한국에 송금했다.

문제는 사업개시 시점에서 중국측이 한국측의 동의 없이 중국은행을 통해 운영자금 명목으로 대출받았던 20만 달러를 합자회사 명의로 상환해야 한다고 우기면서부터 시작됐다. 중국기업이 빌리기는 했지만 갚을 때는 한국기업과 공동으로 갚아야 한다는 괴상한 논리를 펴고 있다. 이를 이유로 중국측에서는 두 차례나 완제품 수출을 위한 컨테이너 선적을 방해했다. 더구나 이를 빌미로 한국측이 가진 경영권을 이양하라고 요구하고 있다. 또한 한국 경영층의 불성실 및 재산보전을 이유로 중국측이 J사를 1993년 12월 중재위원회에 기소하여 사건의 심리·결정이 이미 관할 중급인민법원에 의뢰된 상황이다.

상황이 이쯤되자 J사도 사건의 쟁점이 된 20만 달러에 대한 해명에 나섰다. 이 금액은 중국측이 한국측의 동의 없이 임의로 합자회사 운영자금 명목으로 대출받았다는 것이다. 대출받은 후에도 이 자금은 중국측의 투자분으로 갈음해 버려 실제 중국측에서는 자금투자가 전혀 없는 것이나 다름없다는 것이 J사의 설명이다.

한국측은 중국측이 부정대출했고 중국측의 출자분 중 토지·건물이 토지사용증이 구비되지 않은 부적격 대상물이며 이 사건 자체가 중국측의 고의적인 외국측 투자재산 몰수의도가 담겨 있음을 이유로 중재위원회에 반소(反訴)했다.

관할법원에도 1차 이의를, 2차로 재산보전 이의 신청서를 제출했고 해당 시의 부시장을 면담해 사건의 진상조사를 요구했다. 앞으로 해당시장·부시장·시당서기·중급인민법원장을 상대로 청원서·건의서 등을 공식전달할 계획이다.

그렇지만 문제는 쉽사리 해결될 기미가 보이지 않는다. 당초 유력한 파트너로 생각한 중국측이 이런 경우 부작용의 근본원인으로 작용하고 있다. 중국측의 합자 파트너는 현지 부시장의 아들이다. 이 때문에 해당 정부기관들은 개입에 난색을 표명하고 있다. 일부 인사들은 동정도 보내고 있으나 실제 해결의 실마리를 제공해 주지는 못한다.

이 사건은 여러 가지 면에서 한국기업들에게 경종을 울려주고 있다. 현재 진행되고 있는 상황의 마무리를 어떻게 해나가는가에 대한 귀추가 주목된다. 결과가 좋으면 하는 바람도 없지 않으나 이 정도 상황까지 갔다면 대충 실패라고 보는 수밖에 없다.

한국기업의 실수 부분도 많다는 점을 우선 지적해야 한다. 해외투자의 본질상 투자지역의 여러 가지 상황에 대한 고려는 반드시 필요하다. 그중에서도 손해를 입지 않으려는 지속적인 노력이 있어야만 한다.

가장 큰 착오는 왜 중국측 출자분에 대해 확인조차 하지 않았는가 하는 점이다. 한국에서도 저당잡힌 집에 전세 들기를 꺼려 하면서 토지사용권조차 미비한 중국측의 투자분을 왜 확인하지 않았는지 모를 일이다. 또 중국측의 투자분이 어떻게 해서 합자기업 명의로 대출되어 버젓이 투자금액에 산입될 수 있었는지 일단 의구심이 난다.

또한 한국측의 주장이 사실이라면 이는 명백한 중국측의「밀어내기」수법에 상당한다. 법률적 행정처리의 불분명 상황과 중국 특유의 관계망 작용을 염두에 둔 치졸한 행위로밖에 볼 수 없다.

그렇지만 한편으로 염려되는 것은 J사측이 중국측과 협의를 통해 이 문제를 해결하려는 노력을 전혀 보이지 않는다는 점이다. 단지 싸우려고만 하고 있다. 경영과정에서 상호간의 오해로 인한 마찰요인이 상당했음을 단적으로 보여주고 있다.

전말이 어떻게 되었건 이 사건은 우리측에 불리하게 진행될 것이 분명한 상황이다. 정부기관에 의한 문제해결을 호소하고 있으나 사실상 경제문제에서 쌍방과실조차도 결국은 외국측에 불리하게 진행되는 것이 중국 현실이다. 도망갈 구멍을 만들어 놓지 않은 책임은 한국기업이 져야 한다. 그래서 더욱 조심하기를 권하는 것이다.

단순하게 조심하는 것으로만 해결될 문제는 아니다. 해외투자의 많은 함정을 모두 설명하기에는 무리가 따른다. 그렇지만 대체로 해외투자는 투자이익의 모든 회수시기까지는 한시도 마음을 놓을 수 없다. 중국에 대한 이해를 기본으로 하지 않는 한 문제는 수도 없이 발생한다.

매우 일반적인 투자의 프로세스에 대해서도 신경을 써야 한다. 처음 투자를 생각할 때, 어떤 형태를 취할 것인지, 어느 지역이 좋을 것인지, 과연 이 업종이 그곳에서 무리가 없을 것인지 등을 고려해야 한다.

이미 투자한 기업 중 상당수가 일을 추진하기 이전에 했던 고민들이 도움이 된다는 것을 인정하고 있다. 결국 사전조사가 중요하다는 말이다. 그 다음부터는 기업마다 다른 능력이 뚜렷해진다. 상담에 임하면서 중국파트너나 기관들의 행태를 눈여겨 보아야 한다. 그리고 기업이 세워지면 경영의 문제가 남는다.

J사는 이 세 가지 모두를 놓친 것 같다. 그래서 문제 발생은 차치하더라도 그 이후 해결에 있어 무리가 따르는 부분이 나타난다. 한국적인 것이 중국에 통하는 경우도 있겠지만 거의 대부분이 중국적인 것으로 결정된다는 사실을 간과한 것이다.

한국기업에서 보내온 3장의 팩스는 중국에 있는 한국기업의 현주소 중 일부를 적나라하게 보여주고 있다. 과연 이와 같은 팩스를 얼마나 더 받아야 할 것인지 필자로서는 그저 답답한 마음만 있을 뿐이다.

호수(湖水) 같은 중국, 돌 던지는 우리

중국시장의 크기를 수치화하려면 상당히 복잡한 과정을 거쳐야 한다. GNP니 농공업 생산총액이 얼마니 하는 따위의 숫자가 어느 만큼의 현실적인 시장성을 반영하는지는 매번 그 작업을 하면서도 잘 모를 일이지만, 실제 눈으로 보고 피부로 체험한 바에 따르면 해답은 대개 케이스 바이 케이스식으로 되고 만다.

중국을 호수에 비교하는 것도 이 때문이다. 깊이가 일정하지 않은 데다 넓이도 시시각각 변한다. 홍콩무역발전국은 중국시장 정보로는 일가견을 가지고 있는 곳이다.

그중에서도 시장정보를 책임지고 있는 왕여사는 중국관련 문제로는 홍콩에서 유명인사에 속한다. 중국을 200여회 이상이나 방문했고 지금도 무슨 일만 있으면 지역을 불문하고 쫓아다니는 맹렬여성이다. 하지만 그 정도가 되면 중국에 대해 전문가 소리를 들을 만하지 않느냐는 질문에 고개를 갸웃거린다. 『중국이 그렇게 쉬운가요』라면서 말이다.

한국기업이 중국과 교역하는 과정에서 「중국 호수론(湖水論)」은 점차 그 빛을 발하고 있다. 그렇지만 심정적으로 중국에 대해 이런 판단을 하는 것을 거부하는 것인지 아니면 알면서도 모른 척하는 것인지 몰라도 대중정책에는 실패의 케이스가 너무 많다는 지적이다.

신발산업을 예로 들자. 해외투자 1개국 5개사 규정(1개국에 5개사 이상의 동일업종 해외투자금지)에 묶여 한국의 신발업계가 온통 피터지는 경쟁을 하고 있을 때, 대만·홍콩기업들은 조용히 중국남부에다 완벽한 생산거점을 형성하고 있었다. 1992년 말 현재 이 신발 관련 기업들의 대중국 투자건수는 1,700건을 헤아리고 있다. 광동성·복건성 지역 일부는 이미 「신발성(城)」을 이루고 있다.

산업의 공동화(空洞化) 현상 방지라는 대의명분으로 나타난 결과는 무엇인가. 삼화·태화 등 국내 대형 신발 제조업체들의 한국 내 제품 생산 포기, 줄지은 하도급기업들의 직장폐쇄라는 부작용만 남겼다.

물론 정책을 탓하기 전에 기업의 적극적인 자세 부재도 한 몫을 거든다. 해외시장을 읽지 않고 20여년 이상을 타성에 젖어 「안전빵」 OEM(주문자 상표부착 생산)에 주력하다가 변화의 기회를 놓친 것이다.

신발업계 관계자에 따르면 신발업은 전통적으로 발바닥을 위한 물건을 생산한다는 점에서 천한 직업이라는 인식이 있었고, 오너들이 대부분 전문 경영인이라기보다는 기술자 출신으로 해외감각이 적었던 점도 이런 사태의 불씨가 되었다. 여하튼 이제는 중국시장에의 신발업 투자진출은 물건너간 상황이라는 점이 중요하다.

1개국 5개사 규정이 나온 배경에는 중국을 인도네시아·태국 정도

의 나라, 즉 하나의 국가로만 보았다는 중대한 과실이 숨겨져 있
다. 신발업계에서 아마도 이 규정을 만든 정부의 「실무자」들은 중국
을 한 차례도 다녀오지 못했거나 그 윗사람들은 설사 다녀왔더라도
놀러나 갔다온 정도였던 모양이라는 추측을 한다.

국제화에 대한 인식 부족이 여실히 드러난다. 사태의 심각성을 깨
닫고 1993년 9월 1개국 5개사 규정을 폐지했을 때는 이미 상황은 끝
난 후다. 「소잃고 외양간 고치기식」의 행정에 불과한 것이었다.

중국은 크고 넓다. 우리가 진출할 여지로만 따질 때, 한국의 전
산업을 통째로 가져다 부어도 그저 호수에 큰 돌을 던진 정도밖에는
되지 않을지도 모른다. 밑바닥이 보이지 않는 끝없는 갱(坑)과도 같
다. 그렇다고 우리가 가질 최후의 보루마저 넘겨줄 수는 없겠지만
우리는 몇 가지 중요한 사실을 간과해서는 안 될 위치에 있다.

이른바 중국이 필요한 기술이 고도기술이 아니고 한국과 같은 중
급기술이라는 말들은 사탕발림이다. 종종 이 사탕 같은 달콤한 중국
의 선전(다른 국가의 충동질도 있다)을 사실로 여겨서 중국과 한국
이 대단히 상호보완적인 경제구조를 가진 것처럼 생각하고 적절하게
통제된 산업이전으로 대중협력에 헤게모니를 쥐어야 한다는 주장을
하는 사람들도 많다.

그러나 가장 중요한 변수는 주변 국가다. 일본이나 대만·홍콩·
유럽과 미국 각국들은 언제라도 우리수준의 기술을 중국에 공여할
수 있는 위치에 있다는 점을 잊어서는 안 된다. 경공업 부문에서 중
국은 이미 홍콩·대만에서 필요한 생산기술을 넘겨 받았다.

기계나 전자도 유럽과 미국 각국들이 중국시장 개척을 위해서는

여하한 인센티브도 줄 수 있다는 식으로 대들고 있다. 과거 중국에서 무분별하게 도입되어 그저 썩히고만 있던 고급설비들이 하나둘씩 「강시부활」하듯 제몫을 하기 시작하고 있다. 하루가 다르게 변해가는 중국기업의 생산메커니즘에 대한 한국의 역할이 무엇인가 하는 회의가 늘어간다.

그렇다고 중국을 경쟁상대가 아닌 협력상대로 생각해도 문제는 발생한다. 이미 스폰지에 물이 흡수되는 것처럼 자꾸만 우리가 어렵게 배워온 테크닉들이 중국으로 유입되고 있다. 일부 학자들은 이러한 상태가 계속된다면 한국은 심각한 산업 공동화현상에 시달리게 될 것이라고 경계하고 있다. 좋은 지적이다. 그러나 살길부터 제시해야 한다. 대안(代案)없는 걱정은 무의미하다.

우리는 좀더 과감해질 필요가 있다. 중국시장을 겁내기보다는 중국시장에서 현지화를 통해 생존할 수 있는 전략을 기업마다 가져야 한다.

우리기업의 대중국투자는 90% 이상이 제조업에 몰려 있다. 그중 90% 이상은 수출만을 목적으로 한 임가공성 투자다. 이는 무엇을 의미하는가? 투자기한이 만료되면 그저 보따리를 싸들고 철새처럼 다른 곳으로 갈 것인가? 중국시장에 대한 적극성을 갖는 것은 이러한 현실인식에서 출발하지 않으면 안 된다.

더 고부가가치(高附加價値)가 큰 상품을 개발하기 위한 투자도 있어야 하겠고 그를 위한 시간도 필요하다. 중국에서 얻을 수 있는 것 중에 가장 큰 것은 바로 이 시간이 아닐까 생각된다.

그래서 중국진출의 공식이 투자와 그에 따라 생산·판매 네트워크

형성→ 수출과 내수→ 한국 내 모기업의 기술개발촉진→ 중국투자기업의 철저한 현지화→ 중국투자기업과 국내 모(母)기업 간의 균형발전으로 이어지는 식으로 형성되는 것이 가장 원만한 해답이 될 수 있지 않을까 한다.

한국기업의 중국투자액을 다 합쳐봐도 홍콩기업의 1％도 되지 않는다. 중국시장이 접근하기 어려운 시장이고 호수 같다고 해도 이 정도가 되면 시장접근은커녕 두레박을 내려놓기만 하고 물맛조차 보지 못한 상태라는 느낌도 든다.

그런데도 무작정 규제를 하는 것은 상식밖이었다는 비평을 들을 만하다. 돌을 들고 호수에 던지면 그저 넓게 퍼져나가는 동심원만 볼 수 있지만 그 정도가 아니고 호수의 한쪽이라도 메꾸어 내자리를 만들 방법은 없을지를 연구할 때다.

사기꾼은 늘어만 가고

북경의 한 호텔에서 커피를 마시고 있었다. 요즘은 한국사람이 워낙 많이 북경을 방문하다보니 말 한 마디도 조심스럽다. 오랜만에 한참 동안 한국소식을 들으며 이런저런 애기를 하다가 얼굴이 간지러워 옆자리를 보면 누군가 물끄러미 나를 보고 있다. 한국사람이다. 대부분이 비즈니스성 관광을 온 사람들이다.

종종 희한한 일을 겪는 경우가 많지만 그날 겪은 일은 아직도 잘 잊혀지지 않는다. 커피를 반쯤인가 마셨을 때, 갑자기 『한국사람 없소』 하는 큰 소리가 들려 뒤돌아보니 한 중년신사가 땅바닥에 주저 앉아 거의 곡소리에 가까운 아우성을 치고 있었다.

중국 웨이터들이 우르르 쫓아가 그 사람을 밖으로 끌어내려 하길래 어설픈 애국심인지 관심인지는 알 수 없지만 벌떡 일어나 그 사람을 내 테이블로 데려왔다. 사연이 듣고 싶었다. 왜 그런지, 이국땅 중국하늘에서 한국말로 살려달라는 소리 비슷한 고함을 치는 이유가 도대체 뭔지를 알고 싶어서였다.

사기꾼 이야기는 짚고 넘어가야 할 현실적인 문제라는 생각을 그 사람을 만나고 돌아온 길에 수없이 되뇌었다. 들은 이야기가 약간은 황당하지만 그렇다고 거짓말은 아닌 것 같아 기분마저 썩 좋지 않았다.

한국에서야 흔히 법원에 가면 누가 잘났니 하며 쌍방이 헐뜯는 광경을 볼 수 있지만 국제 간의 사기가 이렇게 어리숙하게 벌어질 수 있는가에 의문도 생겼다. 게다가 안타까운 마음도 있었기 때문이다.

한국에서 조그마한 식당업을 하고 있는 이 사람이 우연히 조선족 친척을 만나면서부터 이 일은 시작된다. 대부분의 조선족들과는 달리 한국에서 목돈을 벌려고도 하지 않고 오히려 돈을 잘 쓰고 다니는 이국의 친척이 몹시 이상하게 보여 어떻게 그럴 수 있느냐를 따져보면서 깊고깊은 함정은 열리기 시작했다.

그 조선족은 이름만 대면 대충 알 만한 중국 고위층과 잘 통하는 친구들이 본인의 대학동기동창이라는 이야기를 들려줬다. 그래서 먹고 사는 데는 지장이 없어 한국인과 좋은 사업거리 하나 만들어 볼까 해서 서울에 놀러 나왔다는 것이 그의 대답이었다. 마침 10여년 이상 해온 식당일에도 짜증도 나고 뭔가 다른 일을 해볼 것이 없을까 하던 사람에게 불을 지핀 격이 됐고 앞뒤 구분이 잘 되지 않은 상태에서 중국친척에 매달리는 격이 되어버렸다.

이렇게 시작된 관계가 1년반에 걸쳐 1억 원이 넘는 돈을 조금씩 중국으로 보내는 계기가 되었다. 중국에서 식당하나 번듯하게 해보자고 약속하고 그 친척이 올 때마다 사업자금을 기천만원씩 전해주었고 정기적으로 중국의 사업진척상황을 보고받았다.

자금이 10만 달러 정도가 들어갔을 때, 중국을 한 차례 방문하기도 했다. 그럴싸한 식당 하나가 실제 꾸며지고 있어 상황은 의심할 바 없이 잘 진행되는 것처럼 보였다. 그러다가 언제부터인가 연락이 뜸해지고 중국에서 아예 전화 한 통도 하지 않는 사태가 벌어지고 말았다.

부랴부랴 중국에 들어와보니 사람 찾을 길은 막막하고 내 것인 줄 알았던 식당도 다른 사람이 이미 운영하고 있었다. 1개월이 넘도록 그놈 찾을 길이 없을까 하고 찾아다니다가 말도 안 통하는데다가 호텔 경비만 소록소록 새나가고 이제는 돌아갈 여비마저 떨어져 답답한 마음에 그랬노라는 것이 사연의 전부다.

어처구니 없다는 생각은 둘째치고 이 정도의 사건은 한국에서는 신파극에 해당하는데도 왜 이런 일이 벌어졌을까 하는 생각이 들었다. 나로서도 해결해줄 수 없는 문제여서 약간은 답답한 느낌이 들 수밖에 없었다.

중국시장이 「좋은 끈」만 있으면 안 되는 일이 없다는 생각을 한 사람을 탓해야 할지, 교묘히 돈을 긁어간 조선족을 탓해야 할지는 모르겠지만 결국 두 사람 모두 책임이 있다는 결론을 내렸다. 중국을 그렇게 만만하게 보는 것은 위험하다는 사실만 진리로 확인한 것이 소득이라면 소득이라 하겠다.

중국기업이나 조선족 등에 사기를 당한 사례는 최근 들어서도 부쩍 늘고 있다. 한국 내에도 사기꾼이 많고 중국에도 대한국기업 전문사기꾼들로 평가되는 사람들이 늘어나고 있다. 사기 아닌 사기도 있다.

　이들 대부분은 중국에 대한 단편적인 지식을 전부인 양 믿는 과정에서 생겨난다. 그래서 중국이야기를 하면서도 이것이다라는 단정의 말은 위험하게 느껴진다. 그렇다고 이럴 수도 저럴 수도 있다 하면 「박쥐이야기」밖에 안되어 신빙성이 떨어지게 된다.

　그래도 근본적으로 할 수 있는 말이 있다. 중국은 한탕거리 시장이 아니다. 중국에는 각종 변수가 있고 그에 대해서는 나름대로 충분한 사전조사를 통해 판단하는 길밖에 없다.

　도와줄 수 있는 일이라고는 그 사람에게 커피 한 잔을 사준 것과 점심값 하라고 준 돈 50위안밖에는 없다. 혹시라도 그 사람마저 이런 일로 사기치는 전문꾼인지는 확인할 길이 없었기 때문이다. 무서운 세상에 우리는 살고 있다.

집에서 새는 쪽박 밖에서도 샌다

중국은 만만하게 볼 시장이 아니다. 그러나 한국기업은 중국을 의외로 만만하게 보는 경향이 있다. 왜 중국시장을 쉽게 접근할 수 있는 대상으로 본 것인가에 대해서는 여러 가지 설이 있다. 그중에서도 가장 유력한 이론 중의 하나는 중국이 그렇게 만들었다는 책임회피형이다.

한국인이 중국땅을 본격적으로 밟기 시작한 것은 1990년 말 경부터다. 그때만 해도 관광목적이 허용되고 있지 않던 때인데도 힘 있고 방법 있는 사람들은 어떻게든 이른바 「비즈니스성 중국관광」을 갔었다.

당시의 중국은 부동산개발 붐이 본격화되기 전이었으며 현재와 같은 정도의 소비시장이 수년 내에 올 수 있을지를 의심하던 시기였다. 대부분의 대외활동은 기관이나 기업들이 담당하고 있었고, 이들이 사회활동의 근간이 되었던 시기이기도 했다.

많은 방문객들은 당시의 중국에서 우리의 60~70년대 모습을 발견했다. 비록 사회주의라고는 하지만 경제개발의 전제가 남아 있는 한 어쩔 수 없이 변해갈 것이라는 생각들도 품었다.

우리기업들이 겪은 60~70년대는 기회의 시대였고 그 속에는 온갖 아이디어와 편법이 난무했었다. 중국에서 본 것은 바로 과거를 통해 현재를 만들 수 있다는 확신 비슷한 것이었다. 그래서인지 한번쯤 중국을 다녀온 사람들은 절호의 기회를 잡은 양 들뜬 표정을 짓는 경우가 흔했다. 10억 개의 볼펜론이 나왔고 중국은 서서히 황금의 땅 엘도라도로 인식되었다.

그 이후 한동안 땅부자 사모님이나 시골식당 주인아저씨도 중국에 뭐라도 한자리를 노릴 정도로 중국에 대한 붐이 형성됐다. 그 과정에서 점차 부작용들도 생겨나기 시작한 것이다.

가장 대표적인 실패사례는 아마도 한·중 쌍방 간의 상호불신 풍조일 것이다. 물론 이런 분위기를 만든 데는 양쪽의 기업과 일반국민들, 그리고 해당지역정부 등 여러 인원들이 포괄된다.

의향서(意向書) 남발 사건도 많았지만 아무 생각 없이 중국을 방문해서 사업이 되겠다 싶어 마구 계약서에 사인을 하고 돌아와 여건이 맞지 않으니까 포기를 해버리는 경우가 더 큰 문제가 된다. 그것도 아무런 통지(通知)를 해주지 않고 말이다. 중국의 경우도 예외는 아니다. 일 한 가지를 부탁해 놓으면 하루이틀이 가도 묵묵부답이다. 된다는 이야기만 해놓고 되는 일이 없다.

그러면서 서로 신의가 없다고 비방을 한다. 한국사람은 처음에는 좋아도 끝이 안 좋으며 기본적으로 신의가 없다는 등의 이야기로부터 아예 한국사람 상대하기 싫다는 경우도 보았다. 마찬가지로 중국기업은 사회주의 체질에서 못 벗어났어, 하루에 한 가지 이상은 일을 못해, 누구 봉 잡을 일만 생각해 등 중국을 욕하는 경우도 많다. 각각 이유 있는 불신이라는 점에서 문제가 더 심하다.

기회를 눈앞에 두었다고 생각하면 누구보다도 빨리 움직이는 것이 한국인의 기질이지만 서두르다가 실패를 보는 경우도 있다. 결코 빠른 것만이 능사는 아니다. 특히 중국과 같이 이익이 되는 일에는 빠르게(快快地) 움직일 줄 아는「제한적인 만만디(慢慢地)」전략을 구사하는 나라에서는 더욱 그렇다.

시골 중소도시에서 제법 큰 규모로 식당과 의류업을 하는 K사장의 경우가 그렇다. 지역에서는 유지에 속하다보니 중국에 단체여행을 갔다가 덜컥 중국기업과 식당사업 계약을 하고 왔다. 문제는 중국어 한 마디도 모르는 상태에서 가이드인 조선족 통역을 앞세워 4시간 만에 상담을 끝내고 그 다음날 계약까지 해버린 것이다. 나중에 밝혀졌지만 계약내용과 협상내용이 서로 아귀가 맞지 않았다.

결국 그 사업이 제대로 추진되지 못하고 말았다. 계약서를 한글로 번역해본 K사장 측에서 심한 배신감을 느껴 아예 연락을 끊고 말았다.

문제는 사업을 추진할 수 없는 이유를 설명하는 팩스 한 장도 중국측에 보내지 않아 분노를 산 점이다. 그 지역을 방문했던 한국기업들은 한동안 K사장의 이야기를 자나깨나 들을 수밖에 없었다. 신의 없는 한국인이라는 소리와 함께.

비슷한 경우는 너무 흔하다. 국내 신발원부자재 업체로 이름난 D기업의 경우 투자추진차 방문했던 중국 남부의 P시 관계자로부터 가장 먼저 들은 말은 『정말 할 겁니까?』하는 짙은 의구심(疑懼心)

섞인 질문이었다.

불신이 극에 달하는 경우다. 그들에게 한국기업은 모두 거짓말쟁이로밖에 보이지 않는 것이다. 물론 사업성이 불투명하다면 중도에 그만둘 수 있다. 비즈니스이기 때문에 그것은 언제라도 가능하다. 그러나 깨끗한 뒤처리가 무엇보다도 요구된다.

누구의 잘못인가는 차후의 문제다. 일단 상호간 믿지 못하는 마음이 생기고 나면 일을 풀어나가는 것은 무척 어렵게 된다. K사장 이후에 그 지역에 갔던 한국기업인들이 사업을 추진하는 데 몇 배의 어려움을 겪었음은 물론이다. 공연히 남에게도 피해를 주는 사례에 속한다.

중국이라고 아무나 어떤 사업이건 와서 하면 성공하는 것이 아니다. 우리 속담처럼 집에서 새는 쪽박은 밖에서도 새게 마련이다. 아무리 기회가 눈앞에 보인다 해도 그것이 꼭 승리로만 귀결될 것으로 믿는다면 오산이다.

역시 만사는 사람에 달려 있다. 오죽하면 일본 기업들은 비즈니스에서 80%는 사람이, 20%는 사업성이 좌우한다고 하는지 그들의 경험도 주목할 필요가 있다. 중국에서는 잡학이 필요하다. 중국에 대한 지식은 조금만 주의하면 쉽게 얻을 수 있다. 서두르지 말고 아는 것도 하나씩 확인하는 작업이 요청된다. 그래서 아직은 중국진출을 초보단계(初步段階)로 보는 시기다. 중국은 우리 곁에 있지만 우리는 중국을 너무 모른다는 것이 문제인 것이다.

중국인을 욕할 것인가

중국인에 대한 별명은 많이 순화된 느낌이다. 일본을 지칭할 때는 아직도 「일본놈」이 입에 배 있는 사람이 많은데 중국의 경우에는 중국인으로 부른다고 우스갯소리를 하는 친구도 있다.

놈이라는 말은 어지간하면 안 한다. 그래도 막상 중국인과의 협상 때 낯을 붉히게 되면 중국놈·뙤놈·XX놈 등 온갖 욕이 나온다. 심지어 못 알아들을 것이라는 전제하에 상담장에서 한국사람끼리 중국 파트너에 대해 「쌍 시옷」 소리를 하는 경우도 있다.

요즘 어지간한 중국기업은 한국 「쓰」 소리를 안다. 우리는 중국인들의 욕을 잘 못 알아 듣는다. 중국인들은 협상자리에서는 욕을 하지 않는다. 웃는 모습으로 능글맞게 대응한다. 자기네들끼리 있으면 상대를 갈아씹을 정도로 안주삼더라도 말이다.

국제화에 대한 이야기가 부쩍 나오지만 한국사회에서 통용되는 상당부분의 일반적 사회행위를 가지고는 국제화가 어렵다. 지극히 한국적인 것이 국제적인 것이라고 주장하는 사람도 있지만 여기에는 단서조항이 붙는다. 국가와 민족이라는 주체(主體)의 발견을 통한 심리적인 안정요소를 제외하고 한국적인 것 중에서도 국제적으로 먹힐만 한 것을 찾기는 상당히 어렵다.

몇 차례 무역상이니 투자계약협의회 자리에 참석해본 적이 있다. 가격 · 거래조건 등 서로의 이익과 손해를 밀고 당기는 치열한 자리에서 나타나는 결과는 의외로 우리의 판정패 상황이 많다.

유리한 입장을 못 살리고 불리할 때 상황타개의 기술이 부족하다. 중국이란 특수성을 감안하더라도 중국은 대체로 유리한 상담으로 분위기를 잘 이끌고 간다. 우리 속담의 똥개 집 앞에서 몇 점을 더 따고 들어가는 식은 아닌 것 같다.

중국시장의 직접 개척 초창기라 할 수 있는 90년대 초 투자조사차 중국을 방문했던 A사장이 들려준 말이다.

『공항에 내리자마자 한 20명이 마중 나왔습디다. 우리는 둘밖에 안갔는데 말이죠. 저녁을 먹는데 그 사람들이 거의 다 온 것 같아요. 옆 테이블에서도 쉴새없이 술잔이 들어오고 아주 정신없이 취했죠. 다음날 상담을 하는데 애기하는 것마다 좋다는 거예요. 맞장구를 쳐가며 하는데 기분이 좋더라구요.』

중국에서 「대접」을 받은 경우 한국인은 우쭐해지는 기분이 되고 이쯤되면 상황판단이 상당히 흐려지게 마련이다. 요즘은 이런 것도 고전(古典)이 되고 있는 추세이지만 여전히 이런 관행(慣行)은 남아 있다.

이것을 중국인의 예의라고 볼 수 없는 여러 이유들이 있지만 경제개발을 하려는 욕심을 차치하더라도 중국의 집단성(集團性) 특징을 빼놓을 수 없을 것이다. 빌미가 있는 날 자기네들 파티도 겸하고 상담의 기선을 잡는 방법도 되는 것이다.

한국기업의 중국진출 중 가장 괄목할 만한 성장을 보인 지역이 바로 산동이다. 90년대 들어서도 급속도로 확장되는 추세는 변하지 않고 있다. 온갖 성격의 업종들이 중국시장 진출을 노렸고 이 과정에서 지역 내 영향력을 행사할 수 있을 만한 중국기관의 사람들은 예외 없이 대외적으로 노출되었다.

중국에서 「끈」이 중요하다는 생각을 한국의 경우를 참작하여 생각해낸 것도 놀라운 일은 아니지만 중국에서의 상황은 점차 심각하게 변형되어 왔다. 워낙 많은 사람들이 이 사람들을 한 번 보는 것이 소원(?)이 되어버렸고 드디어 소위 접견객을 구분하기 시작했다. 이른바 「수준향상」이다.

산동지방에 투자를 타진하다가 지금은 천진 인근지역에서 공장을 경영하는 L사장의 경험담이다.

『그 지역에서 영향력이 있다는 말을 듣고 일을 잘 풀어나가는 데 도움이 될까 해서 수차 면담을 요청한 끝에 성사가 되었죠. 호텔 커피숍에서 10여분 이상 기다렸더니 오더라구요. 그러더니 인사하고 명함교환하고 2~3분이나 됐을까 볼일이 있어 가봐야 겠대요. 그러면서 자기가 데리고 온 부하에게 뭐라고 몇 마디 하더니 가버려요. 그 뒤에 남은 그의 부하직원에게 무슨 급한 일이냐고 넌지시 물어보았죠. 그랬더니 우리보다 투자규모가 큰 업체와 또 약속이 있다는 거예요. 그 부하가 하는 말이 『명함만 교환했으면 되지 않느냐』는 거예요. 』

『흑룡강성에서 파워가 아주 좋다고 소문난 어떤 단체위원장은 한국사람이 만나자는 연락을 하면 이유를 물어보고 바쁜지 안 바쁜지를 결정을 한답디다.』최근 그 사람을 한 번이라도 만나보려다 실패한 기업 이사가 들려준 말이다.

현장(現場)에서 벌어지는 이러한 각종 사건들은 언뜻 보기에 중국이 가진 함정이 깊다는 느낌을 주기도 한다. 그러나 약간 각도(角度)를 달리해서 보면 결국 한국기업들이 이렇게 만든 것이라는 생각도 할 수 있다. 중국인들 사이에는 『한국기업이 계약할 물건, 특히 돈될 만한 물건은 항상 현금들고 오는 놈이 장땡이다』면서 『값올리기 경쟁을 시켜야 한다』는 말도 공공연히 나돈다.

한국기업이 서로를 칭찬하는 경우는 흔치 않다. 동일 업종이면 칭찬은커녕 서로 비방하며 내가 최고고 상대는 사기꾼이라는 식으로 몰아붙이는 경우가 비일비재하다. 중국인들은 이런 것을 싫어한다. 이러다가 좋은 일 중국인에게만 시켜주게 된다. 슬그머니 경쟁시키며 이익을 챙기는 데는 중국인을 따라잡기 어렵다. 그런 빌미를 만들어줄 필요가 없다.

어차피 남의 나라와 무역도 하고 그속에 들어가 투자도 해야 하는데 상대를 이해하지 못해서 문제가 생긴다면 그것은 누구의 책임일까? 뒤집어 생각하면 중국인만 욕할 수도 없는 노릇이다. 물론 제도나 각종 사회구조를 빌미로 삼을 수는 있지만 그렇게 만든 당사자들도 『나는 아니다』라고 말하는 자신들이 아닌지 생각해볼 일이다.

재주는 곰이 부리고

한국기업들은 열심히 중국시장 개척을 위해 뛰고 있다.

그중에는 무역을 전문으로 하는 회사도 있지만 제조업을 운영하면서 그 동안 홍콩을 통해 간접 수출했던 자사제품을 직접 팔아보려는 비즈니스맨들이 많다.

홍콩으로 의류용 접착밴드를 수출하고 있는 중소기업 H사 사장도 마찬가지다. 그러나 정작 얻는 성과는 미미하다.

H사장은 시장조사차 중국 출장길에 올랐다. 우연히 들른 광동성의 한 시골공장에서 자기회사 제품을 보았다.

모른 척하고 가격을 물어보니 자기가 홍콩기업에 판 가격의 2배가 넘는다는 사실을 알고 밤새 배신감 비슷한 감정을 느꼈다. 홍콩회사들이 한국물건을 받아 중국에 판다는 것을 알고 있었지만 그렇게 비싸게 값을 붙이는 줄은 몰랐다는 것이다.

H사장은 직접 수출하면 그만큼 경쟁력이 있을 것으로 생각하고 다시 중국에 왔으나 의외로 판매루트를 잡기가 쉽지 않았다. 『홍콩기

업들 역시 대단하다』는 생각에 혀를 차며 술만 들이키고 온 것이 전부다.

이는 웃을 일이 아니다. 홍콩기업은 왜 아직도 우리기업에 필요한 존재일까. 홍콩기업은 어떤 역할과 능력이 있길래 제값 받고 물건을 팔 수 있을까. 부러움이 생긴다.

홍콩기업이 가진 중국시장 진출에의 장점은 무엇일까? 역시 가장 큰 요인은 꾸안시의 형성이다. 오랜 기간 동안 중국의 창(窓) 역할을 하며 쌓아올린 인간관계나 각종 안면들이 비즈니스에 절대적인 역할을 하고 있다.

또 한 가지 정보의 힘이 대단하다는 것이다. 적절한 바이어에게 적기에 상품을 주면서 제값을 받을 수 있는 정보면에서 우리와 차이가 난다. 더구나 비정상적인 거래가 많기로 유명한 중국 남부에서는 인민폐 거래라는 특수한 거래가 이루어진다는 점도 중요하다.

중국의 내수용 제품 생산기업은 외화가 없어 원부자재를 수입할 경우 인민폐 결제를 희망한다. 그런데 한국기업은 외화를 받지 못하면 거래가 성사되지 못하는 것으로 생각하고 있다.

반면 홍콩기업은 중국내에 있는 자신의 투자기업 또는 친분이 있는 기업들을 통해 어느 때라도 인민폐를 홍콩달러나 미화로 바꿀 수 있는 능력이 있다. 그 방법도 안 되면 전문적으로 홍콩까지 인민폐를 수송해 주는 이른바「꾼」들도 있다. 홍콩에서는 인민폐의 태환이 합법적으로 가능하기 때문에 별문제가 없다.

한국 기업의 입장에서는 중국과의 꾸안시도 많지 않고 정보도 없다. 편법을 찾아가는 길도 모른다. 한 마디로 아무것도 없으니 당연히 뭐라고 말할 수 없지 않는가 하는 반문도 가능하다. 이 약점들이 모두 하루아침에 해결되지는 않는 문제들이니 답답함은 더 하다.

우리기업들은 과연 몇 %나 성공을 하고 있는가. 중소기업의 경우 중국출장을 한 번 오면 그 경비도 만만치 않다. 두세 번 거듭될수록 조급한 마음도 생긴다. 그러나 기본적으로 언어도 문제가 되는데다 누구를 만나야 할지도 모른다. 심지어 중국기업의 가장 간단한 메커 니즘인 실수요자와 무역공사(貿易公司) 간의 관련성도 파악하지 못 하는 경우가 허다하다.

그렇다고 언제까지 홍콩을 통해서만 수출하는 것도 한계가 있다. 『재주는 곰이 부리고 돈은 서커스단 주인이 번다』는 사실로 밤잠을 못자는 날이 많아지는 것도 싫다.

역시 비슷한 케이스인 40대 중반의 여사장 S여사는 이런 이야기도 한다.

『여섯 번인가 중국을 갔었지요. 믿을 만하다 싶어 한 사람을 잡고 갈 때마다 뒷돈도 주고 했는데 결과가 없어요. 한 번은 이상한 사람 한 사람을 데리고 와서 장사하는데 도움이 될 사람이니까 사례를 미 리 좀 하라고 그러잖아요. 의심나기는 했지만 일단 믿지 않을 도리 가 없었죠. 장사를 하고 싶었으니까요. 그래서 중국돈으로 3,000위 안을 줬죠. 그래도 감감 무소식이에요. 결국 포기했죠. 역시 우리같 은 중소기업은 홍콩을 통해서 하는 것이 최선인 것 같아요. 달리 방 법도 없잖아요.』

중국시장은 우리에게 기본적으로 제약요인이 많다. 언어도 그렇 고, 공개된 정보도 많지 않다. 그렇다고 한국 내에서 이를 충실히 어드바이스 해줄 기관도 없는 상황이다. 이런 것을 이용해서 사기꾼마저 늘어나고 있다. 그래도 이런 노력을 하지 않을 수는 없는 것이 현실이다. 그러나 욕심만 가지고 일은 되지 않으니 그것이 또 문제이기도 하다.

그래서인지 북경에까지 왔지만 얻어가는 것 없이 경비만 날리고 가는 H사장 뒷모습은 유별나게 외로워 보였다. 중국시장에 대한 제대로 된 바이블이라도 한 권 있다면 좋으련만 하는 생각의 한편으로 또 다른 의견도 대두된다. 정말 중국시장을 개척하려면 기업이 먼저 공부라도 철저히 해야 하지 않는가 하는 점이다. 이제 중국 비즈니스 를 시작한 지 얼마 되지 않았으니 아직도 걸음마는 당연한 것이라고 생각이 되는 등 약간은 자기위안성의 생각들이 많아진다.

조선족 논쟁 – 친정 · 딸 · 시댁의 함수

조선족이란 용어는 언뜻 고풍있는 단어로 들린다. 조선이란 용어가 북한의 공식명칭인 조선민주주의 인민공화국과 흡사하여 그쪽으로 편향된 느낌을 주기도 한다.

현재 중국에 살고 있는 조선족은 약 300만 명이라고 한다. 주로 길림 · 흑룡강 · 요녕성의 중국 동북 3개성에 집중되어 살고 있지만 경제개발과 함께 각 지역에서 조선족은 흔히 볼 수 있게 되었다. 심지어 한국의 술집에서도 종종 만날 수 있을 정도다.

중국을 방문하는 한국인들이 가장 빈도 높게 접촉하는 대상이 바로 조선족이다. 조선족 기업들과 실제 비즈니스를 위한 상담도 오가고 통역 때문에 필요하기도 하다. 술집에서도 옆자리에 조선족이 앉아야 불편이 없다고도 한다. 그래서인지 조선족에 대한 좋은 점 나쁜 점이 한국인의 입에는 자연스럽게 논쟁거리가 된다. 굳이 비율로 따지자면 나쁜 소리가 많다.

왜 나쁜가에 대한 이유도 다양하다. 진짜 비즈니스를 엮어갈 능력도 없으면서 허풍을 떤다, 돈만 밝힌다, 사기꾼들이 대부분이다, 통역을 제멋대로 해서 장사를 망쳤다, 껍데기는 조선사람인데 속은 중국사람이다, 만나서 도움될 일이 없다, 한국사람을 무조건 봉으로 생각한다, 정(情)이 안 붙게 한다 등등의 이유가 나열된다.

부정적인 이미지를 형성한 데는 물질적인 이유가 많이 개입되어 있다.

조선족의 대한국관도 썩 좋지 못하다. 『돈 좀 있다고 너무 빼긴다, 거짓말만 하고 다닌다, 조선사람에 대해 편견(偏見)이 있다, 정작 도와줄 일은 안 도와준다, 힘이 있다면 벌떼처럼 붙고 그렇지 않으면 소식도 없는 기회주의자다』 등이 그것이다.

당초 중국시장에 진출하면서 조선족의 활용은 가장 큰 이점으로 평가됐었다. 일본인들의 경우 한국이 가진 조선족이라는 장점이 일본의 중국진출에 가장 큰 장애요인으로 등장할 것이라고 엄살을 떨기도 한다. 그러나 현실은 이상스레 상호간 분기(分岐)의 방향으로 가고 있다. 서로 불신하는 관계가 되고 있는 것이다.

소문인지 사실인지 확인되지는 않고 있지만(이야기를 한 당사자들은 한결같이 생생한 보도를 하고 있다) 서로의 관계를 여러 가지 엉망진창으로 만들 만한 얘깃거리는 상당히 많은 편이다.

조선족 처녀와 결혼을 하겠다는 맹약과 함께 수개월에 걸쳐 「데리고 놀다가」 소리소문없이 도망쳐 버린 한국남자, 한국기업 사장집 부인을 식칼로 위협하여 거금을 갖고 도망간 조선족 가정부, 중국기업에 붙어 한국기업을 농락한 조선족 통역 등의 사건은 이제 고전이 되고 있다.

물론 한국 내에서도 조선족은 문제거리·골치거리로 대두되고 있다. 불법체류자, 조선족 간의 사기사건, 한국사기꾼의 조선족을 대상으로 한 금품갈취, 조선족 여인네들의 자발적 매춘행위, 범죄조직에 의한 불법납치, 매춘강요, 심지어 마약반입사건 등도 터지고 있는 실정이다.

이러한 사건들이 연속되면서 한국인과 조선족 사회 간의 불화는 증폭되는 경향이 있다. 그런데도 한국기업들 대부분은 조선족을 멀리할 수 있는 처지가 아니다.

모든 기업인이 언어전문가도 아닌 현실에서 중국어를 모른 채 중국 비즈니스를 하고 있기 때문이다. 우리 기업인들은 중국사회에 대한 지식도 많지 않다. 좋든 싫든간에 중간자(中間者)로서의 역할이 조선족에게 부여되고 있는 것이다.

그렇기 때문에 조선족에 대한 논쟁은 심각성이 크다. 아예 서로가 필요성을 잃은 관계라면 남는 문제란 민족이라는 거창한 주제와 남북한 간의 대치(對峙)를 이유로 한 전략적인 접근, 기타 종교니 문화니 하는 사회적인 연대 등이 만남의 목적이 될 수 있겠지만 경제는 그렇지 못한 것이다. 조선족은 이제 관념이나 인간적인 정리(情理)뿐만 아니라 한국기업의 중국진출에서 상당한 역할이 주어지고 있기 때문이다.

물론 사회적인 접근이라는 점에서도 문제는 남는다. 백두산 정상에 태극기를 꽂고 대한민국 만세를 삼창하고 우리의 소원은 통일의 노래를 부르고 구호도 외치고 어떤 자리에서나 공공연히 만주땅은 옛날에 우리 땅이니 하는 행위들이 결코 중국정부에 곱게 비칠 리가 없다.

백두산 인근의 조선족 자치구에 살고 있는 사람들조차 이런 행동을 싫어한다. 언제부터 우리를 생각했느냐는 것이다. 와서 놀기만 좋아하고 지금도 썩 많이 도와주고 있지 못한다는 불만도 있다.

중국과 조선족, 우리 삼자(三者) 사이의 입장은 매우 미묘하다. 굳이 표현하자면 조선족이란 시집간 딸이며, 중국은 시댁인 셈이 된다. 친정을 그리워 하는 딸의 심정과 「딸은 모두 도둑」이라는 속담처럼 하나라도 친정에서 가져가려는 행동을 보이는 것도 이런 관계라면 이해가 된다. 시집살이를 하는지 안 하는지 모르지만 사돈댁도 존경해 주어야 하는 것이 도리이기도 하다. 시대가 바뀌어 딸가진 집이 위세를 떨 수도 있다지만 역시 행동은 하나하나 조심해야 할 필요가 있다.

조선족에 대한 논쟁은 이처럼 복잡한 면이 있다. 조선족이란 용어도 고쳐야 한다는 주장도 많다. 다른 지역의 교민들처럼 중국교포로 바꾸어야 한다는 것이다. 조선족들 간에는 남한사람보다는 가난하기는 해도 순박한 북한사람이 심정적으로는 좋다는 이야기를 공공연히 한다. 주요 도시마다 조선족 가라오케가 늘어나고, 옆자리의 호스테스들이 한국노래를 한국가수보다 잘 부르는 경우도 흔하다.

조선족에도 문제가 없는 것은 아니다. 그들이 이야기하는 우리나라는 중국이지 결코 한국이 아니다. 교육열이 높다고는 하지만 고급교육을 받은 사람들이 드물다. 사회분위기에 편승하여 실제 돈만을 노리는 경우도 많다.

사기꾼도 흔하다. 통역을 하면서 중국측의 눈치를 보는 약삭빠른

면을 내보이기도 한다. 한국투자기업의 경우 조선족을 한국에 기술연수차 파견하기를 좋아하지 않는다. 돌아와서 파업을 주동하는 자들은 대부분 이들이기 때문이다. 차라리 말이 잘 안 통해도 한족이 낫다는 이야기도 한다. 중국 내 투자공장에서도 조선측과 한족 간의 갈등으로 고민하는 경영자들이 늘어나고 있다.

부정적인 측면을 강조해 조선족을 무조건 배척할 수는 없다. 그들은 우리 근대사의 아픈 역사가 낳은 사람들이다. 그래서 견원지간이 될 수 없는 깊은 유대가 서로에게 있다. 누가 뭐래도 우리는 조선족과 관계를 부드럽게 풀어가야 한다. 그래야만 중국땅에서 장기적인 경쟁을 벌일 수 있다.

중국을 넘어야 한국이 산다

하나의 중공(中共), 수없이 많은 중국(中國)

몇 년 전까지만 해도 중공(中共)이란 용어가 낯설지 않았다. 이제는 중국(中國)으로 바뀌어 있다.

정식 국호로 따지자면 중화인민공화국(中華人民共和國)에서 중공이란 글자를 따건 중국을 따건 상관이 없겠지만 과거에는 공화국의 공(共)이 아닌 공산(共産)의 공(共)이 강조되었을 뿐이다. 그럼에도 두 명칭의 차이는 우리에게는 매우 큰 의미를 준다.

중국은 냉전 구도하에서 우리와 대치해 있었다. 이로 인해 우리는 직접 대면을 통한 한 차례의 전쟁까지 치른 바 있다. 그로부터 40여 년 동안 중국은 중공이었다.

물론 사회주의 중국은 아직도 존재한다. 그러나 우리는 이제 중공이란 명칭을 자주 사용하고 있지 않다. 단지 신문이나 잡지에서 사용되는 중공은 중국공산당을 뜻하는 용어로 인식되기 시작한 것 뿐이다.

80년대 말 냉전종식 무드 속에서 우리는 중국과 가까워지려는 노력을 계속했다. 그 결과는 1992년의 수교로 이어졌다. 이른바 북방정책이란 신조어를 탄생시킨 이러한 정치·외교적인 결과를 통해 중국은 한국에 새로운 파트너로 대두하게 된 것이다.

북방정책의 순차적인 공략대상은 동유럽·소련·중국으로 거슬러 갔다. 물론 궁극적인 대상은 북한으로 이어지고 남북통일이라는 뚜렷한 목표를 가지고 있다. 냉전종식의 기류에 편승한 우리의 북방정책은 중국과의 수교로 사실상 소기의 단기적인 목표치는 달성한 셈이다.

그러나 이 과정에서 우리는 정치적인 변수에만 매달려 세계의 또 다른 기류인「경제우선주의」를 간과하고 지나간 흔적을 숱하게 발견하게 된다. 소련에의 차관제공에 얽힌 비난의 초점은 성과에 급급한 나머지 지나친 선심외교로 일관한 것이었다는 지적을 받고 있다. 동유럽 국가들과의 수교 이후 경제협력도 참으로 미미한 수준이다. 정치적인 성과 이외의 경제적인 이익은 없었다는 단적인 평가마저도 가능할 정도다.

가장 볼썽 사나운 경제이익 무시의 대표적인 사례는 한·중 수교과정에서 빚어졌다. 대만과의 감정적인 문제까지 야기한 이후 대만정부 및 기업의 한국기업에 대한 불신은 그 여파가 아직도 남아 있다.

외교의 질적인 문제는 접어두더라도 상식적인 선에서조차 이해할 수 없는 일이 벌어진 것을 두고 대만정부는 극도의 대한감정 이탈을 토로하였다. 이로 인한 약 1년간에 걸친 경제협력의 공백상태가 나타났다. 좀더 매끄러운 외교행태를 추구했더라면 한·대만 간의 교역급락 현상은 없었을 것이다.

이처럼 경제면의 소홀은 국내의 정치적인 여러 편린들에 대한 정치 지도층의 의도적 은닉에서 기인하기도 하겠지만 궁극적으로는 경제 우선주의적 흐름을 읽지 못한 과오다.

중국과의 관계로 되돌아가 보면, 정치와 경제면의 시각에서 통일된 관점과 행동을 필요로 함을 알게 된다. 그런 점에서 중국과의 경제 협력은 우선 중국에 대한 경제관점의 판단을 중심으로 접근해야 할 것이다.

엄격한 의미에서 한·중 간의 정치적인 협력은 경제적인 결속에 대한 후속처리 형태로 진행되고 있다. 경제이익을 고려한 중국이 한국을 끌어들이기 위해 정치적인 노선을 변경했다고 하는 것은 잘 알려진 사실이다. 그 노선의 변화도 그야말로 변화이지 전환은 아닌 것이다.

따라서 중국이 왜 한국을 필요로 했는지 그 이유를 살펴보면 중국의 대한정책을 간파할 수 있을 것이다.

세계전도 속에는 대서양·태평양·인도양으로 대별되는 역사가 있다. 냉전을 주도했던 미주와 서유럽, 러시아 연방과 동유럽의 구도가 깨진 지금, 중국은 외로운 냉전의 한복판에 위치하고 있다. 정치와 경제를 분리하는 이른바 이분화(二分化) 정책을 사용하며 대외적인 개혁·개방을 선언한 70년대 말 이후 지금에 이르기까지 중국은 잃어버린 아시아 종주국으로서의 「중화(中華)」를 찾으려 하고 있다.

아시아에서 어제와 오늘의 강자는 명실공히 중국과 일본이다. 동북아에서의 협력구도는 중국·북한·일본·한국으로 이어지며 이 틀 속에 미국과 러시아가 개입되어 있다. 역사적 사실에서도 알 수 있지만 한반도는 중국과 일본 사이에서 세력다툼의 희생물이 되어 왔었다. 그 사실은 결국 중국이 한반도를 도외시하고는 대국(大國)의 지위에 걸맞는 형국을 갖추지 못함을 의미한다.

일본은 경제력을 바탕으로 끊임없이 북한에 대한 연결고리를 형성해 나가려 하지만 북한의 도발적인 자세와 중·북한 간의 동맹자적 관계가 장애요인으로 남아 있다. 그러나 결국 북한이 과거 중국·소련 간을 넘나드는 등거리 외교를 추진해 왔듯이 이제 중국·일본을 적절히 이용하는 외교노선을 택할 가능성이 높다.

중국은 경제발전에 엄청난 투자를 하고 있다. 대외적인 얼굴도 생각해야 한다. 대국으로서의 얼굴이 이제 중요하다는 것을 스스로도 느끼고 있고 이를 찾으려고 한다.

북한과는 혁명원로 세대들이 가진 인간적인 「관계(關係)」 외에 북한과의 협력을 통해 얻을 수 있는 가시적인 효과란 없다. 냉정하게 따져보면 손실이 많은 편이기도 하다. 이런 상황에서도 중국의 북한 중시는 여전하다. 이 점은 중국의 정치가 아직도 인치라고 할 수 있는 부분이다.

경제면에서 가장 먼저 중국의 파트너로 등장한 것은 홍콩이다. 중국의 특구정책이 80년대 초반까지 이 지역에 전적으로 쏠려 있는 것은 홍콩이 잠시 남의 손에 빌려준 연장이기는 해도 결국은 중국요소에 의한 동화작용이 있을 수 있다고 판단했기 때문이다.

이 점은 중국의 의도대로 성공을 거두고 있다. 대만도 예외는 아니다. 초기단계의 중국 대외경제법에는 「홍콩·마카오 및 화교동포」에 대한 우대가 반드시 명시되어 있었다. 대만의 중국 진출은 밀

물은 있어도 썰물이 보이지 않는다.

일본은 70년대 초반 이미 중국과 수교를 했다. 그러나 일본의 아시아 전략은 동남아시아가 1차적인 목표였다. 동남아라는 생산기지와 판매기지 시장을 형성하면서 한편으로 중국에 대한 접근도 병행하였다. 특히 일본의 대중국 진출은 철저하게 홍콩 또는 제3국을 이용하는 패턴을 보이고 있다. 한국에 투자한 일본기업도 예외가 아니다. 70~80년대 한국에 투자한 일본회사들이 점차 중국으로 공장을 이전하고 있다. 그 과정에서 한국의 기술자 및 관리자들을 앞세우고 있다. 바이어인 일본이 한국기업을 앞세워 중국에 투자한 예도 흔히 볼 수 있다.

또 한 가지 지나칠 수 없는 요인은 중국이 개발될수록 일본은 중국을 가상의 적 또는 경쟁자로 인식하고 있다는 점이다. 경제분야에서 중국은 아직도 일본의 경쟁자가 아니라는 평가도 있으나 일본은 10여년 앞의 상황을 미리 점검하고 있는 셈이다.

실제 약간 과장된 말이기는 하지만 요즘 일본신문의 절반은 중국기사가 차지하고 있는 상황이다. 일본의 경우 대형투자 또는 기간산업투자 분야에서 중국에 대한 차관형식으로 경제실익과 장기적 안목의 투자를 게을리하고 있지 않다.

한국은 중국에게 신선한 충격을 준 듯하다. 중국이 경제개방을 시작한 것은 70년대 후반부터다. 중화인민공화국 성립 후 사실상 30여년간 지속된 서방 및 세계와의 단절국면을 버리고 「개혁·개방」의 노선을 지향한 중국으로서는 홍콩·대만 및 화교자본 등을 제외한 적절한 파트너의 모색이 무엇보다도 필요했다.

물론 서방기업들의 진출도 있기는 하지만 노동집약적인 업종이나 중국의 기술적인 수준에 맞는 산업을 가진 나라로서의 한국은 가장 적절한 대상이라 해도 과언은 아니었다.

또한 지역적인 측면에서 남부의 중추적인 2개의 경제 커넥션인 홍콩·대만과의 관계가 다른 지역에까지 미치는 파급효과를 기대하기 어렵다는 판단과 일본마저도 오히려 홍콩·광동성 등지에의 투자를 강화하는 상황이 발생하자 한국요소에 대한 중요성은 더욱 심화되었다. 그러나 당시 중국에의 접근에 목이 탄 것은 한국업체가 더 심했던 면도 있다.

80년대 해외투자붐은 동남아에 대한 집중투자를 양산했다. 그러나 동남아의 발전과 함께 임금·지가 등의 상승현상이 뚜렷해지고 국내적으로도 높은 임금·물가·지가 등의 애로요인이 심화되어 갔다.

중국이 유망 비즈니스 지역으로 떠오른 데는 그리 오랜 시간이 걸리지 않았다. 80년대 말 양말 10억 켤레, 볼펜 10억 자루와 같은 어처구니없는 망상의 대중비즈니스 꿈이 무르익기도 했다. 홍콩 등 제3국을 통한 수출입도 늘어나기 시작했다.

중국의 개방전략은 「대리개발(代理開發)」에 있음을 간과해서는 안 된다. 한마디로 중국 남부지역이 힘찬 발전을 하는 데 비해 환발해만(環渤海灣, 특히 산동·하북성)은 후진성을 면치 못하고 있다는 점을 감안, 이 지역을 한국기업을 통해 채울 수 있는 방안이 중국정부에 의해 모색되었다.

그 전형적인 예는 한·중 간의 선박항로가 더 발달된 항구인 천진이나 청도가 아닌 위해(威海)라는 조그마한 산동성의 시골어촌 마을에 열린 것만 보아도 알 수 있다. 한국인들은 위해에서 북경으로 가는 먼 길을 수도 없이 다녔다. 그렇게 다닌 길에 사람이 하나둘씩 늘어나고 결국 산동성이 한국화되어 가고 있는 것이다.

환발해만 지역 중 한국기업이 몰려드는 모습은 산동성뿐만 아니라 천진·석가장·심양·대련을 잇는 어떤 지역에서도 쉽게 볼 수 있다. 이 지역에 한국기업의 열풍이 부는 것이다. 지역 면적으로 보면 한반도와 맞먹을 정도로 광범한 땅이다. 이를 두고 바람직한 현상으로 이야기할 수도 있겠으나 상대적으로 우리는 중국의 단면만을 보고 있다는 약점을 지니고 있다.

중국은 이제 확대 개방에 돌입하고 있다. 중국을 하나의 나라로 보는 것은 참으로 어리석은 시각이다. 그렇다고 30개의 나라로 보는 것도 아직은 무리에 속한다.

그렇다면 중국정부가 국토개발정책의 일환으로 내놓은 10대 지역경제군 또는 7대 지역경제군을 기본으로 보는 것이 가장 무난할 것이다. 그러나 현실적으로 우리의 입장에서 이것은 지나치게 편의적인 접근전략이 될 공산이 크다. 따라서 크게 다음 4개의 지역군을 설정하여 4개의 중국으로 접근해 보기로 하자.

가장 먼저 볼 수 있는 활성화된 지역군은 홍콩·광동성이다. 물론 화남경제권(華南經濟圈)이라는 거시적인 시각하에 다른 지역을 포괄하는 견해도 있겠으나 일단 현재의 시점을 기준으로 홍콩·광동성은 이미 경제적인 결합도 측면에서도 국경이 없어진 상태다.

이와 유사개념의 그레이트 홍콩(great Hong Kong) 개념도 있으나 중국을 중심으로 할 때는 홍콩이 중심이 되기보다는 동등개념으로 파악하는 것이 바람직할 것이다. 더구나 홍콩은 1997년이면 주권이 중국으로 반환된다.

또 하나는 대만·복건성 간의 관계다. 지역적인 근접성은 접어두고 실제 대만의 정치적인 격변과 함께 지역출신들의 선호도가 복건성으로 집결되고 있다. 경제결합도 측면에서는 아직 홍콩을 경유한 투자 등이 많기는 하지만 분명 두 지역 간의 결합은 별도로 분리해도 좋을 만큼의 특질을 가지고 있다.

중국 중부에서 상해는 독특한 존재다. 전통적인 상업도시의 면모에 중국정부의 야심적인 양자강 개발, 포동경제구 개발 등이 발전촉진제로 작용하고 있다.

상해출신 관료들의 정부고위인사 포진도 그 요인이 될 수 있겠지만 지리적으로 이 지역의 발전이 중국의 미래를 좌우한다고 이야기할 정도로 중요도를 두고 있는 것만큼은 틀림이 없다. 단 이 지역은 아직 뚜렷한 외부적 파트너십이 형성될 만한 요인을 보여주고 있지는 않다. 따라서 내부적인 요인 및 산발적인 외국요인이 가미된 형태를 띨 것으로 보인다.

한국과 가장 밀접한 관련을 가진 지역을 하나의 지역군으로 이야기하면 환발해만 경제군으로 통칭할 수 있다. 발해만의 연해지역인 산동성·하북성·천진·요녕성·북경 등이 이에 속하고 나아가 동북의 길림성·흑룡강성도 이 범주에 묶을 수 있다. 파트너로는 한국이 가장 뚜렷하게 떠오르고 있다. 한국기업의 대중투자 중 70% 이상이 이 지역에 몰려 있다.

연해의 이 4개 지역경제군(地域經濟群) 결합은 각각 내륙의 서북·중북·동북지역으로 확대되고 있다. 기존 연해의 개발된 지역들과 내륙의 미개발지역 또는 내륙의 주요 경제거점 간의 연결이 진행되면서 이 같은 현상이 나타나고 있다.

이처럼 중국은 과거 이념적인 대립으로 인한 이격(離隔) 시점의 중공에서 중국으로 변해 있을 뿐만 아니라 경제적으로 적어도 몇 개의 중국으로 분화된 접근이 필요한 대상이 되어 있다. 결국 중국과의 불가분의 관계를 가질 수밖에 없는 단계에 돌입한 지금, 우리는 더 냉철한 시각에서 이 몇 개의 중국접근을 강화할 필요가 있다.

중국 이해 없이는 아무것도 이룰 수 없어

　업계의 한결같은 목소리는 중국시장 진출이 생각보다 어렵다는 것이다.　물론 일부 기업들은 중국의 거대한 시장성을 강조하며 그 가능성을 높이 사고 있다.　외형적으로 한·중 간의 교역이나 투자 등은 소기(所期)의 성과를 보이고 있는 것도 사실이다.　그러나 왜 이와 같은 「볼멘 소리」가 나오고 있는 것일까를 생각해 보아야 할 시점으로 여겨진다.

　한·중 간의 경제협력은 새로운 국면에 접어들고 있다.　중국이 협력상대자일 뿐만 아니라 경쟁대상이기도 한 복합적인 관계가 형성됨으로써 현재의 한·중 경제관계를 낙관적인 시각으로만 볼 수 없게 됐다.　단기적인 상호보완성과 함께 장기적으로 경쟁관계 형성에 따른 역기능을 배제할 수 없는 단계에 들어선 셈이다.

　이미 노동집약적인 산업뿐만 아니라 기계·전자에 이르기까지 중국은 세계시장에서 우리 제품의 경쟁상대자로 부각되고 있다.　어차피 경쟁은 불가피하다는 시각도 있을 수 있겠으나 대부분 기업들,

특히 중소기업들은 지난 수년간 중국이 무서운 기세로 우리 시장을 잠식해 오는 것을 뼛속 깊이 느끼고 있다.

일본은 한국이 중국시장에 진출하기 전 홍콩·대만 등 화인계(華人系)를 제외하고는 손쉽게 시장을 상당부분 점유하고 있었다. 그 이후 한국기업의 중국투자로 중국접근을 더 강화하고 있다. 대만은 한국과의 외교단절로 중국과의 경제유대가 더욱 깊어지고 있다.

우리기업들은 과거 미수교 시절보다 몇 배의 노력을 들여 중국시장을 타진하고 있으나 곳곳에서 장벽에 부딪치고 있다. 중국은 홍콩·대만·동남아 화교를 포괄한 화인경제권을 구체화하고 있다. 일본은 국외자로서는 1위로 이 시장에의 깊숙한 침투를 노리고 있어 경쟁상황이 심화되고 있다.

중국은 우리기업의 생산기지 역할을 하고 있으나 현지에 진출한 한국업체들이 생산한 상품의 상당수가 한국에 역수출되는 현상이 나타나기도 한다. 중국진출 방법상의 잘못을 비판하는 소리가 높아가고 있는 것도 이 때문이다.

한국에서 고부가가치 상품의 생산은 줄어드는 반면 저부가가치 상품생산은 중국으로 이전해 가고, 중국의 사회간접자본 확대에 따른 건설분야·플랜트·전기·전자·자원개발 등에는 효율적인 참여를 하지 못하고 있다. 실제로 한국의 몇몇 대기업을 제외하고 중국 내에 사회간접자본 건설 등 대규모의 투자협력을 벌이고 있는 기업은 없다.

외면적으로는 충분히 「중국붐」이 일고 있지만 내재한 문제도 많다. 중국의 작은 재채기에도 한국기업은 몸살을 앓는 상황이 벌어지는 것이다. 그만큼 중국시장에서 한국기업·한국상품은 병에 대한 항체(抗體)가 형성되어 있지 않다는 말이기도 하다.

기업의 체질상 눈앞의 실제에만 연연하다 보면 중국지사와 한국본 사간의 불협화음이 발생하기도 한다. 본사가 중국 내의 사정을 이해 하지 않고 조건 없이 표면적인 실적만을 요구할 경우 장기적인 비즈 니스란 없게 되는 것이다.

더구나 중국시장 접근이 어렵다는 것은 중국이 가진 여러 요인들 로 인해 더 심각해지는 측면도 있다. 중국시장은 아직도 개방된 시 장이라고 보기 힘들다. 한국상품의 대중국 수출 중 상당부분(홍콩경 유 중국수출상품은 절반 이상에 상당하는 것으로 추측된다)이 비정 상 수출로 이루어지고 있는 점에서도 잘 드러난다.

정상적인 경로를 통해 수출을 하기에는 아직도 너무나 힘든 것이 다. 특히 소비재의 경우는 높은 관세부담으로 소비자와의 접근조차 쉽지 않고, 한국기업의 경우 중국기업과의 직접 상담을 통해 상품을 공급하는 예를 찾아보기도 어렵다.

그래서인지 북경 뒷골목에는 롯데껌을 비롯한 많은 우리 상품이 있지만 정작 이들을 수입해온 당사자는 따로 있다. 홍콩기업이나 중 국내의 전문업자들이 이런 상품을 취급한다. 우리기업은 뛰어들 틈 이 없다.

심지어는 한국에서 만든 제품을 홍콩업자가 자체상표를 만들어 부 착, 생산하다가 아예 중국에다 공장을 차려 그 제품을 만드는 경우 도 있다.

여기에는 중국의 복잡한 상품유통구조 문제가 개입되어 있다. 하나의 제품을 판매하기 위해 어떤 유통망을 통해야 하는지를 잘 파악하기 어렵다. 중국인들조차도 이 복잡한 유통망을 제대로 이해하고 있는 사람이 드물다. 수출을 하거나 수입을 할 때도 마찬가지다.

시장경제를 도입했다고는 하나 기업의 발전단계면에서 볼 때, 자본주의 국가기업들과는 판이하게 다른 구조를 가지며, 그나마 상황에 따라 상당히 변형된 모습을 나타내고 있다. 개방이 확대되고 있는 요즘도 마찬가지 현상이 벌어진다.

광범한 중국의 지역성도 항상 문제가 된다. 지역별 경제상황의 차이가 심하다보니 온갖 변수들이 도사린다. 중국을 한덩어리로 놓고 접근할 경우 아무것도 이룰 수 없다.

지역마다 그 지역의 독특한 관행이 있는데다 새롭게 생겨나는 관습들도 있다. 발전의 차이에서 비롯되는 문제도 있다. 실제 각 지역 정부마다 서로 다른 입장을 내보이는 경우도 많다. 경제발전면의 차이는 차치하고라도 산업별 분포면에서도 차이가 난다. 물론 한국 상품에 대한 인지도는 아직도 낮은 편으로 볼 수 있다.

개발도상국에서 흔히 볼 수 있듯이 내부적인 정책의 잦은 수정으로 인한 교역환경 변화도 극심하다. 과열경기 및 부정부패 등의 처방을 위해 내려진 긴축조치와 같이 예측하기 어려운 정책도 나온다.

작년 하반기와 같이 「일도절(一刀切)」로 모든 은행의 외화대출을 중지시키는 사태는 기존사업을 추진해 온 기업에게 짧게는 몇 개월, 길게는 수년간 노력해 온 교섭을 무위로 만든다. 게다가 앞으로 사업추진에 대한 두려움을 갖게 한다. 불가항력이 아닌 불가항력의 상황이 많다는 점이다.

그뿐만이 아니다. 우리기업의 입장에서는 이중고를 치러야 한다. 전반적인 사회분위기가 충분히 국제화되어 있지 않다보니 매사에 자기중심적인 일이 많다.

언어문제만해도 그렇다. 중국 비즈니스에서 영어를 사용할 수 없는 경우가 거의 대부분이다. 쉽게 말해서 중국어 외에는 통하지 않는다. 더욱이 정보노출을 꺼리는 사회주의 잔재가 남아 있음은 물론 전통적인 중화사상까지도 교역시에 은연중 나타난다. 한마디로「중국화」된 기업만이 중국과의 거래가 가능한 상황이다.

중국은 한마디로 단순한 평가를 내리기 어려운 나라다. 그만큼 아직은 변수가 많다는 의미도 될 수 있다. 그러다보니 쉽게 생각하면 그지 없이 쉬울 수도 있다. 그러나 역사 속에서 우리가 보아왔듯이 강약은 시간이 지날수록 더욱 명료하게 드러나는 법이다.

문제를 통한 대책을 강구하지 않는 무계획성은 이제 퇴물이 되어야 한다. 실사구시에 능하지 못한 국가의 도태는 필연적이다. 이해하고 그에 따라 대응하는 수밖에 다른 도리가 없다.

양파껍질을 벗겨야 먹을 것이 있다

중국은 양파와 같다. 벗길수록 한겹한겹 그 정체들이 각기 다르다. 중국을 보는 눈이 다른 것도, 중국에 대한 인식이 부족한 것도 이러한 어려움에서 비롯된다.

우리는 중국시장에 대해 기본적인 정보마저 가지고 있지 못하다. 혹평(酷評)을 하자면 정치적인 지식은 높을지 모르나 경제적인 면에서는 거의 전무하다시피하다.

국제화란 곧 정보의 전쟁을 의미하는데도 중국시장 정보가 너무나 미흡한 것이 현실이다. 지역별 현황은 고사하고 전체적인 시장의 흐름도 파악하고 있지 못하다. 그래서 인민폐 평가절하사태와 같은 시장의 격변에 유독 우리만 손해를 본 것이다.

중국시장을 얕보는 경향마저 있다. 너도나도 중국과 장사를 하면 돈을 번다는 풍조가 아직도 계속되고 있다. 만만한 시장이 아니라는 점을 먼저 인정하지 않으면 시장접근은 늘 실패하기 마련이다.

먹기 좋은 곶감에 먼저 손이 가는 것처럼 눈앞의 이익을 우선 생각하다보니 장기적인 시장파악은 하지 않는다. 종합상사의 경우도 예외는 아니다. 한정된 인력으로 일을 처리하기 어려운 것은 사실이지만 시장의 미세한 동향까지 파악하는 수준에는 아직 멀었다.

중소기업의 경우는 상황이 더 심각하다. 종합상사를 통해 영업대행을 하는 경우 그냥 물건 팔기에만 급급하고 관련 시장정보조차 수집하지 않는다. 수집한다 해도 해당기업에 건네주지도 않는다. 정보공유도 안되는 것이다.

국가적으로 보아도 중국시장 진출에 대한 마스터플랜이 없다. 신발업체의 경우에서도 볼 수 있듯이 산업공동화를 지나치게 우려해서 규제한 덕(?)에 한국신발업체는 이제 중국에 발도 못붙일 지경에 이르렀다. 그렇다고 경쟁력이 높아진 것도 아니다. 우리가 가진 산업구조에 비추어 중국과의 효과적인 경제협력을 추진할 수 있는 장기적인 계획수립이 필요하다. 오래 전부터 지적되어 온 이야기이지만 실행이 필요하다는 말이다.

인력문제도 심각하다. 단순 중국어 인력이 아닌 중국시장을 이해하는 인력의 배양은 중국과의 경제협력에서는 80% 이상의 중요성을 지닌다. 중국시장의 배타적인 요소를 모르는 바는 아니지만「목마른 사람이 우물을 파야」하는 것이다. 중국시장은 현재뿐만 아니라 미래를 겨냥해야 할 시장이다. 지금부터라도 중국시장을 개척할 수 있는 전문인력을 배양하지 않으면 안된다.

시장면에서도 마찬가지다. 중국은 개발중인 시장으로 지역적인 개발편차가 매우 심하다. 따라서 우선 지역현황을 파악하는 것이 가장 중요하다.

이미 중국은 판매자 시장이 아닌 소비자 시장화하고 있을 정도로 민간소비의 발전속도가 빠르다. 이제 주요도시의 백화점이나 심지어 도·소매점에서 외국제품을 보는 것은 어렵지 않다. 여러 가지 규제가 있음도 사실이나 이러한 수요에 대한 적극적인 공략이 없이는 장기적으로 우리상품의 중국진출은 어렵다. 소비재 부문은 더욱 그렇다.

또한 중국시장이 저가품 시장이라는 인식을 버려야 한다. 고급품에 대한 선호도는 중국소비시장 전반을 지배하는 기류다. 그들의 소비수준을 얕보는 어리석음을 범해서는 안된다. 조만간 한국상품에 대한 중국 국민의 평가를 받을 수밖에 없고, 그 결과에 따라 시장을 얼마나 얻을 수 있을 것인지가 판단될 것이다.

중국의 사회기반시설 건설에 더욱 적극적으로 참여해야 한다. 중국은 부족한 사회기반시설의 정비를 이번 8·5계획기간 내 일정 수준까지 올리겠다는 계획을 여러 차례 발표하였고, 이미 상당한 진척을 보이고 있다.

이러한 중국 내의 산업구조 조정에 따른 수요에 대해 능동적인 접근이 필요하다. 현재 도로·항만 등 사회간접자본시설의 확충만도 연간 800억 달러 규모에 달하고 있다. 전자·석유화학·에너지·철강 및 섬유·전자통신 등 다양한 산업설비가 수출 유망분야로 떠오르고 있다.

이밖에도 효과적인 시장개척을 위해서는 마케팅을 활성화할 수 있는 서비스 산업의 진출도 필수적이다. 이미 각국의 유통센터들이 대거 중국으로 밀려들고 있지만 우리기업의 본격적인 진출은 별로 눈에 띄지 않는다.

빠른 것이 능사는 아니겠지만 중국시장은 이제 소비시장화하고 있다. 그에 따른 유통산업의 발달이 필연적인 단계에 와 있음을 감안하면 장기 수요를 겨냥한 거점구축이 있어야만 할 것이다.

투자면에서도 이러한 현상은 비슷하게 전개된다. 우리기업의 대중투자는 대부분 노동집약 업종에 속한다. 국내의 높은 임금 등 제약요인을 해외 생산기지 이전을 통해 해결하는 것은 최소한의 대안이다. 우리기업이 소홀히 하고 있는 부분은 바로 투자 이후의 중국내 시장개척의 노력이 미흡하다는 점이다.

대다수의 기업이 중국을 생산기기로만 이용하고 있고, 생산제품의 중국 내수시장 판매에 주의를 기울이고 있지 못하다. 당초 중국에의 투자를 고려할 때, 이 부분이 충분히 고려되지 못한 탓도 있고 우선 국외 수요의 충족이 급하다는 이유가 있을 수 있다.

그렇지만 해외투자의 관건은 「현지화」시키는 데 있다. 10년 후 중국의 생산여건마저 나빠질 경우 또 다른 지역을 물색하는 것도 가능하겠지만, 장기적으로 중국에서 현지화한 기업을 운영할 수 있도록 하는 것이 더욱 바람직할 것이다.

국내의 봉제완구·피혁·전자부품 등 노동집약산업은 이제 거의 중국 등 제3국으로의 이전이 끝난 상태다. 올 수 있는 사람은 대부분 온 것도 같다. 다음 순서는 이제 중국 내수시장을 겨냥한 투자가 되어야 한다.

기존의 투자기업도 기업확장을 통해 중국 내에서 영업활동을 늘릴 수도 있을 것이다. 그렇지만 현실적으로 중국의 계획경제체제를 뚫고 들어오는 각국의 적극적인 행동력에 비해 우리의 중국시장 개척 노력은 아직도 초보단계다.

　양파껍질 속에 든 중국을 보아야 한다. 오늘만 살고 그만둘 것이 아니라면 더 장기적인 방향을 늘 염두에 두는 것은 당연하다. 우리는 중국이라는 나라에 대해 과연 장기적인 계획을 가지고 있는지를 한 번쯤 다시 생각해볼 필요가 있다.

시장을 읽어야 물건을 판다

국내 굴지의 모(某)전자회사는 80년대 한국의 중국투자 중 특기할 만한 일을 했다. 한국기업으로서는 최초로 중국 내수시장을 겨냥하고 중국에 냉장고 생산라인을 세운 것이다. 그러나 결과는 참패로 끝났다. 부랴부랴 정리하는 데만도 상당한 시간이 걸렸다. 중국측 파트너가 쉽게 응해주지 않았기 때문이다.

가장 큰 실수는 역시 시장을 잘못 예측했기 때문이다. 구형 냉장고 생산라인을 투입했지만 중국의 소비성향은 그 이후 고기능 제품으로 급격히 옮겨가기 시작했다. 설상가상으로 중국 파트너와의 불화도 대두되었다. 더구나 중국내 냉장고 생산공장이 이미 60여개나 있는 마당에 경쟁을 제대로 하기가 어려웠다.

기업 내에서도 여러 이야기가 나돌았다. 투자기업의 설립에만 급급하여 이런저런 가능성을 잘 타진해보지 못한 것이다. 타당성조사가 부족했다는 말이다.

이 프로젝트를 구상하고 실현에 옮겼던 제1세대들은 문제가 발생했을 때 이미 제2선으로 물러나 있었다. 초기의 실수는 제2세대에 의해 정리되기 시작했다. 국내 굴지의 업체라는 대기업도 시장을 읽는 데는 실패했고 경영의 묘마저 살리지 못하고 말았다. 요즘도 이 지역을 방문하면 그 지역 정부관계자들이 대표적인 외국기업의 실패 사례로 이 전자회사를 꼽는다.

최근 중국 서북부 끝에 위치한 신강성에서 벌어진 일도 좋은 예 중의 하나다. 신강성은 면적만을 볼 때 중국 최대를 자랑한다. 그러나 인구는 1,500만 명에 불과하고 그나마 이곳저곳으로 분산되어 있다. 지도상으로 보면 사막투성이에다 요즘처럼 연해지역이 발달하고 있는 데 비해서는 아직도 한참 뒤진 미개시장처럼 보이기도 한다.

우연히 신강성의 수도인 우루무치에서 온 한 중국인 무역상을 만났다. 최근 개발구를 설립하고 있고 홍콩이나 대만기업들도 많이 들어오고 있다는 이야기를 들으며 중국 특유의 자기동네 자랑을 하는구나, 과장이 심하구나 하는 생각을 하고 있었다. 넌지시 비꼬는 듯한 이야기로 장사는 잘 되는지, 무슨 장사가 그렇게 잘 되는지를 물었다. 대답은 의외로 한국기업보다는 장사를 잘 한다는 것이었다.

사연은 이렇다. 우리나라의 모(某)기업이 작년 우루무치에서 전기·전자제품 전시회를 했는데 컬러 TV와 냉장고만 가지고 와서 장사를 망쳤다는 것이다.

상대적으로 같은 시기에 일본 유명 전자사인 N기업의 팩시밀리·통신기기 전시는 톡톡히 재미를 보았다. 그러면서 하는 이야기가 우루무치에 컬러 TV를 팔러와서 뭘하겠다는 것인지 모르겠다는 것이었다. 한마디로 시장을 잘못 보았다는 말이다.

우루무치와 팩시밀리, 언뜻 잘 조화가 되지 않는 것 같아 왜 팩시밀리가 필요하냐고 다시 물어보았다. 대답은 간단하다. 요즘 우루무치에서는 중국의 연해지역을 통해 많은 물건들을 수입하고 있고 신강지역이 우루무치 외에는 특별하게 발전된 지역이 없어 모든 업무연락이 이곳을 통해야만 한다. 그러다보니 좋지 않은 통신사정에다 전화로는 긴 이야기를 자세하게 할 수가 없어 효율적인 팩시밀리가 선호되고 있다는 것이다.

우루무치 쪽에서 장사하는 범위는 북경·천진 등뿐만 아니라 내몽고·러시아로부터 카자흐스탄·아프가니스탄·파키스탄·인도 등과도 연결되고 있고 인근 청해성(靑海省)·감숙성·외몽고 등으로까지 뻗어 있다. 팩시밀리는 현지 무역회사뿐 아니라 사영기업들에도 없으면 안될 수단으로 인식되고 있다. 그렇다면 왜 컬러 TV와 냉장고 등 전자제품은 크게 수요가 없을까하고 물어보았더니 한 마디로 이제 전자제품은 가질 만한 가정에서는 대부분 다 갖고 있다는 것이다. 조금 질이 떨어지기는 해도 중국산 컬러 TV가 널리 보급되고 있고, 어지간한 시골지역에도 생필품 전자제품은 거의 있다는 것이다.

컬러 TV는 이미 대체수요 단계에 있고 팩시밀리 등은 신규수요를 겨냥하는 것이기 때문에 자연스럽게 팩시밀리 전시장에 사람이 몰린 것이라는 설명이다.

부랴부랴 자료를 뒤져보니 신강성의 1992년도 수출입 7억 달러 중 3억 달러를 변경무역(국경무역)이 차지하고 있고, 현지 생필품 생산이 적다보니 대부분 인근지역 및 연해지역으로부터 상품들이 공급되고 있다. 1인당 연평균 수입도 약 2,000위안이 된다. 중심도시인 우루무치는 상대적으로 높을 수밖에 없다는 생각도 들었다.

가난한 중국을 보아서는 중국장사를 하기 힘들다는 이야기를 한 바 있지만 역시 중국은 신규수요를 중심으로 하는 시장개척전략이 맞아떨어진다는 느낌이다.

워낙 여러 가지 변수가 많다보니 시장의 현황을 파악하기란 이만 저만 어려운 일이 아닐는지 모르지만 전시상품을 선택할 때 사전조사가 부족했거나(최소한 상점을 돌아다니면서 필요한 물건이 무엇인지도 체크해보지 않았거나), 중국시장에 필요한 수준의 상품이 무엇인지를 모르는 선택을 한 것은 기업의 잘못이다.

두 기업 모두 한국에서는 내로라 하는 대기업이다. 이런 기업들이 시장을 읽는 데 실패했기에 충격은 더하다. 중소기업의 경우는 이보다 더한 악조건에서 시장을 개척해야 할 것이라는 생각을 하니 한편으로 가슴마저 답답하다. 또한 중국시장에는 물건을 사고 파는 데 너무나도 복잡한 유통메커니즘까지 도사리고 있다.

남부에서 생산된 물건이 북부에서 잘 팔리기 어렵다는 속설도 있다. 실제 중국 남부의 모 보일러 업체는 북경에서 물건을 팔려고 하다가 북경업자들의 담합으로 상당히 고전했다.

전국적인 유통망이란 사실상 존재하지 않는다고도 볼 수 있다. 지역 내에서도 특정 기업군들이 특정상품의 유통을 전적으로 책임지는 시스템을 흔히 볼 수 있다. 그러나 중소기업들은 이 기업들이 어디에 있는지도 잘 모르는 것이 현실이다.

시장을 안다는 것은 비즈니스의 첫째 요소가 된다. 중국시장은 외국기업에는 접근하기 어려운 부분들이 많음을 인정해야 하겠지만 언제까지 어렵다고 뒤로 미뤄둘 수는 없는 것이다. 부딪치되 더 효율적으로 개척해 나가는 방법을 찾아내야 한다.

악성투자는 이제 그만

요즘 중국신문들은 외국투자기업에서 일어나는 문제들을 심심치 않게 다루고 있다. 그 논조들은 매우 정제(精製)된 듯한 느낌을 주어 심각하게 받아들여지지 않게 하는 면도 있다. 그렇지만 자세히 기사들을 보고 있노라면 결코 이 문제들이 사소한 것은 아니라는 점을 발견할 수 있다.

중국이 이처럼 외국투자기업에 대한 문제를 서서히 제기하는 것은 개방 초기단계의 무분별한 외국투자도입으로 인한 각종 부작용을 막겠다는 의지가 담겨 있는 것이다.

그러면서도 한편으로는 투자열기를 냉각시키지 않으려는 조심성까지 내포되어 있는 것이다. 그러나 사회문제화 하는 부분에 대해서는 과거와 같이 최대한 문제를 야기하지 않으려는 무작정 은닉(隱匿)의 의지가 많이 엷어진 것이 사실이다.

최근 중국 국무원은 주요도시 및 각급 행정기관에 통지(通知)를 보내어 외국기업의 각 규정 준수여부를 철저히 관리하라고 시달하고 있다. 특히 국유기업과의 합자 또는 합작경영시 엄격히 허가절차를 밟을 것과 자격있는 자산(資産) 평가기구에서 평가를 실시하고, 국유자산관리부문의 확인을 받을 것을 강조하고 있다.

외국측 등록자본중 실물(實物) 투자부문은 중국계 은행에서 대출받아 메우는 것을 금지하고, 중국측의 담보로 외국측에 대출을 해주는 행위도 제제해야 한다고 명시하고 있다.

이와 같은 통지가 갖는 의미는 중국정부가 이른바「피포간상」(皮包奸商, 유령회사를 설치한 간사한 상인)에 대해 법률적인 통제를 가하겠다는 점과 외국기업의 투자시 자산 과대평가를 없애겠다는 두 가지로 풀이할 수 있다.

이는 외국 투자기업 중 페이퍼 컴퍼니(paper company) 성격이 너무 많고, 중국 및 외국측이 공모하여 실물투자를 높게 평가하는 예가 흔하다는 것을 반증하고 있다. 결국 이 같은 악성투자를 근절시키겠다는 의지로 받아들여진다.

외국기업의 대중국 투자는 날로 늘어나고 있다. 1993년 한 해 동안만 해도 외국기업 투자항목은 8만 3,000여건(전년대비 70.6% 증가)에 이르고 있고 외국기업의 투자협의액은 1,180억 달러(90.6%)에 달하고 있다. 실제 투자된 금액만도 257억 5,900만 달러에 달하고 있는 등 대중국 투자는 폭발적이라는 표현에 걸맞을 정도로 성장을 거듭하고 있다. 이 과정에서 생기는 허다한 문제 중 중국이 지적하고 있는 것은 바로 악성투자에 해당한다.

이러한 기업설립상의 문제 외에도 이미 가동 중인 기업들의 문제도 점차 표면화되고 있다. 가장 대표적인 예는 임금체불이다. 심천

1개시의 1994년 초 현재 체불임금 총액은 500여만 위안에 달하고 있는 것으로 발표되고 있다. 임금문제를 둘러싸고 벌어지는 파업들도 흔하게 일어난다.

홍콩 T기업의 경우 100여명 직공의 4개월치 임금을 체불하다가 30여명의 노동자들이 시인민정부 앞에서 농성을 벌였고, 그래도 해결이 되지 않자 공장의 설비와 집기들을 부수는 바람에 공장문을 폐쇄하는 사태로까지 발전된 바도 있다.

과거에도 이런 사례가 없었던 것은 아니다. 당시는 중국에 법률규정이 없어서가 아니라 해당 지방정부가 대외 파급효과를 고려, 무조건 쉬쉬했기 때문에 문제가 쉽게 해결됐었다. 요즘은 사정이 다르다. 외국기업이라고 해서 특별히 봐주지 않는다.

원칙으로만 따지자면 중국 중앙정부의 관련 규정은 물론 지역마다 노동관리 규정이나 조례 등이 있고 이 규정대로 일을 시킬 경우 기업이 중국에서 생산공장을 하는 장점을 크게 누릴 수는 없다.

물론 악덕기업주들이 없는 것은 아니다. 다수의 외국투자기업들이 임금을 절약하기 위해 임시공을 위주로 고용을 하거나 중국법률에 정한 노동계약을 체결하지 않고 하루 12시간 이상의 노동을 강요하는 예도 흔하다.

최근 관련 당국의 대대적인 단속결과, 일부 외국투자기업들이 16세 미만의 미성년 인력을 고용했다는 이유로 지방정부로부터 2만 위안 이상의 벌금을 부과 받은 예도 있다. 이들 인원의 대부분은 그 지역이 아닌 외지출신들이었다.

구타문제도 종종 시비거리로 등장한다. 중국 노동자들이 게으른

탓도 있겠지만 무리하게 작업을 시키는 과정에서 작업진도가 만족스럽지 못하거나 게으름을 피웠다는 이유로 집단구타를 한다. 그로 인해 노동조합의 반발을 사 기업주가 악덕업자로 고발당한 사례도 흔하다.

심지어는 외국투자측 기술자들에 의해 성폭행을 당했다는 대자보가 붙기도 한다. 실제로 성폭행과 관련, 한국기업에서도 이와 유사한 사례가 있었다.

그래서인지 요즘은 중국노동자 관리보다도 한국에서 파견한 인력관리가 몇 배 어렵다는 현지 지사장들의 불만이 터져 나오고 있다. 이 문제는 쉽게 해결될 것 같지 않다. 한국에서 자기가 일을 어렵게 배웠거나 또는 중국노동자를 얕보는 마음, 현지의 답답함 등이 복합적으로 적용된 결과이므로 더욱 그렇다.

문제가 되는 것은 이제 중국 노동자들도 과거와는 달리 이런 대우에 대해 무조건 순종하는 자세를 보이고 있지 않다는 점이다. 중국에서도 3D(dirty, difficult, dangerous, 더럽고 어렵고 위험한 일)업종을 기피하는 상황이 벌어지고 얼마든지 그냥 넘어갈 수 있는 사건도 문제로 만들어 기업주의 돈을 긁어내려는 악덕 노동자들도 많아지고 있는 것이다.

문제가 생기면 외국투자기업은 해결을 위해 동분서주해야 한다. 특히 해당정부와의 관계가 좋지 않은 상황이라면 빌미를 잡혀 호되게 당하는 경우도 있다. 그래서 관리자들은 힘겨워 하고 있다. 중국을 잘 이해하지 못하고 한국식만을 고집할 경우 기업은 엉뚱한 문제에 휩쓸려 난항을 거듭할 수밖에 없다.

변화하고 있는 중국 내부의 각종 여건에 대해 더 능동적으로 대처하지 않으면 이제 중국에서 기업을 하기도 어려운 상황이다.

일본을 욕하는 중국

지난 1993년 중국의 최대무역 파트너는 일본이었다. 홍콩이 1위자리를 일본에 내주고 만 데는 역시 규모의 경제라는 문제가 대두된다. 일본과 중국 간의 무역액은 390억 달러였다. 아시아에서 서로가 경쟁상대라고는 하지만 이 정도면 떼놓을 수 없는 협력상대이기도 하다.

문제는 일본의 대중국 투자전략이 요즘들어 중국측의 비판을 받고 있다는 점이다. 중국측의 관점에서 일본의 투자는 초기단계에 머물러 있고 지역 및 업종도 당초 기대했던 것에 미치지 못한다는 것이다.

중국 길림대학 일본 연구소 소장인 백성기(白成琦) 교수는 일본이 1972년 중국과 수교 이후 관망관계·발전단계를 되풀이하며 본격적인 투자를 하지 않고 있다고 지적하고 있다. 업종면에서도 서비스업 편중이 확연하다. 일본의 대중투자 중 제조업과 서비스업의 비중은 3 : 7이고 홍콩·대만의 경우 7 : 3, 한국의 경우 약 9 : 1에 가까운 점을 고려할 때 뭔가 다른 방식의 중국투자를 하고 있는 셈이다.

제조업 투자에서도 일본기업은 내수지향적인 면을 강하게 나타내고 있다. 중국내 대부분의 일본투자업체는 중국의 수입대체산업 우대조치에 편승, 일본에서 부품을 수입해다가 중국 내에서 조립하여 중국 내수시장에 판매하는 전략을 보이고 있다. 일본 수출기업들도 상당수가 콩·인삼·한약재 등 1차산품을 단순가공, 일본으로 재수출하는 것에 주력한다.

백교수는 이와 같은 일본의 투자전략이 장기적인 관점에서 일본의 대중국 투자저변을 스스로 약화시키는 결과를 초래할 것을 우려하면서 소극적인 제조업 투자진행은 중국 제조업계의 일본기업 투자활용 필요성과 상호 신뢰성을 동시에 저하시키는 결과를 초래할 것이라는 견해를 보인다.

학자적인 견해라고는 하지만 여기에서 중국측의 일본기업투자를 보는 시각을 엿볼 수 있다.

일본의 입장에서도 이러한 현상은 나름의 이유가 있다. 일본의 대중국 접근에는 기본적으로 경쟁의식이 깔려 있다. 아시아의 패권을 두고 다투는 현실에서 중국에 대한 무작정의 경제협력은 위험하다.

일본기업들도 중국시장을 소비중심시장으로 본다. 중국측의 입장에서야 해외시장 개척을 통한 외환수입 증대라는 목표가 첫째 과제가 될 수 있겠으나 일본기업은 이 점에서 냉철하게 시장을 파악하고 있는 것이다.

중국의 개방 기본전략 중의 하나인 「대리개발」이 일본에 대해서만큼은 기대했던 효과에 미치지 못한다는 지적도 나올 수 있지만 제

3차 산업의 진흥을 일본기업을 통해 얻어낸 점은 결코 손실이라고 할 수는 없다.

일본기업은 가급적 배수진을 친 전쟁을 하고 싶어하지 않는다. 그래서인지 홍콩이라는 중간기지를 이용하려는 노력이 강하다. 언제라도 물러설 수 있는 조정기지, 최전선 사령부가 아닌 제2선 후방 사령부 역할을 하는 홍콩이 일본에게는 큰 힘이 되고 있다. 그런 일본을 중국은 썩 달갑게 보지는 않는다.

그러나 일본상품은 중국을 풍미하고 다닌다. 일본의 이러한 전략에 대해 일반인들은 큰 관심이 없는 것이다. 일본제품이 가진 성가(聲價)는 단연코 최상이라고 해도 과언이 아니기 때문이다. 욕을 해도 일본상품을 산다. 그만큼 로비력도 좋은 것으로 평가할 수 있다.

이러한 현실은 한국기업의 중국투자 현실을 재조명할 수 있는 요인이 된다. 일본에 비해 투자금액 면에서 열악한 것은 차치하고 명확한 상호협력의 한계가 보이지 않는다는 평가도 나오고 있다.

1990년대 중국은 제3차 산업시장화에 상당히 주력하고 있다. 그런데도 우리기업들은 여기에 대한 뚜렷한 접근을 보이지 못한다. 중국에 진출해 있는 우리기업의 90%가 제조업이다. 그 중에서 중국내수를 하고 있는 기업은 대략 손가락으로 꼽을 정도다. 이것은 복잡한 유통구조 탓도 있다.

중국이 일본의 투자전략을 비판한다고 해도 경제의 최전선에 있는 일본 기업들이 시장을 그렇게 읽지 않았다면 결과도 그렇게 되지 않았을 것이다. 우리는 기업들의 의식각성 및 시장파악 능력을 높이는 문제가 급선무다.

요즘과 같이 세계가 온통 경제우선주의로 치닫는 시대에는 실리를 찾는 것이 결코 잘못이 될 수 없다. 기업이 우선 민첩해져야 한다. 중국시장에 대해서는 중국 이상의 기민함이 없이는 우리의 이익을 찾기 어렵다.

그래서 서로 협력하는 중국·일본의 얼굴 밑에 숨겨진 경쟁관계와 시장을 읽으려는 기업들의 노력에 주목해야 한다. 한국에서도 중국 바람은 불고 있다. 앞으로 더 거세게 불 것이다. 바람이 몹시 거세어서 상당한 위험을 내포하고 있는 것처럼 보이기도 하지만 한편으로 그 바람을 이용하여 상당히 높이 연을 날려야 하는 시기에 와 있음을 부정할 수 없다.

점차 기업에로 바통이 넘어가고 있다. 정부가 이런 방향을 정해주기를 기대하는 것보다는 기업 스스로가 찾을 수밖에 없다는 점을 재삼 강조하고 싶다.

기업투자에서 자본이 차지하는 비중

중국투자기업이 늘고 있다. 그중에는 번듯하게 성공한 예도 있고 일찌감치 보따리를 챙겨버린 업체도 상당수에 이른다.

기업을 이끄는 사람에게 성공과 실패는 하늘과 땅 차이의 결과다. 스포츠에서는 깨끗하게 진 사람을 우대하는 분위기가 있기도 하지만 경제문제에서 실패는 어떤 경우에도 우대받기 어렵다

투자란 글자 그대로 「자(資)」를 투입하는 것을 의미한다. 일반적으로 자(資)란 자금을 의미하지만 실제 이에 상응하는 유·무형의 각종 가치, 예를 들어 노하우나 부동산·기계설비 등도 포함된다. 그중에서도 종종 지나치는 요소가 하나 있다. 바로 정보(情報)다.

해외투자에서 정보는 다양한 면을 모두 포괄한다. 지역의 일반적인 경제개황에서부터 현지의 인맥·접촉대상기관·각종 문서관리의 방법, 사회·문화적인 관습, 기후 등 사람이 살아가는 모든 부분이 그 대상이 된다. 이러한 정보들은 투자를 의도하는 단계에서부터 교섭이 진행되고 기업설립, 본격 기업가동을 이끌어 가기까지 순간마

다 결정적인 작용을 한다.

중국이 작년 이후 꾸준히 내수시장의 부분적인 개방과 함께 관세를 인하한다거나 대폭적으로 투자 인·허가 절차를 지방으로 이양하는 각종 확대개방의 기류에 한국기업은 발빠른 대응을 하지 못하고 있다.

내수시장 진출과 관련해서도 모기업의 회장은 내수업종은 사업이 잘 되면 중국에서 국영기업으로 환수하기 때문에 못들어간다는 말을 스스럼없이 하고 있다. 그래서 실무진에 의해 추진되던 사업마저도 포기된 예가 있다.

사업을 추진하려고 하는 기업들도 의외로 문제를 풀어나가는 능력이 미흡하여 벽에 부딪히곤 한다. 중국의 빠른 변화에 능동적이고 효율적으로 접근해야 한다는 과제가 남는다.

얼마 전 중국을 방문한 미국박사 출신 중소기업 K사장의 말이다.

『휴대용 컴퓨터를 들고 왔는데 짐만 되어버렸습니다. 220볼트를 쓰고 있는지도 몰랐고 콘센트 잭도 맞지 않았어요. 디스켓에 상담자료와 참고자료를 잔뜩 넣어 왔는데 무용지물이 되어서 상담하는 데 상당히 애를 먹었어요. 이럴 줄 알았으면 휴대용 변압기를 들고 오는 건데 결국 이게 정보문제 아닙니까?』

어떤 사업을 막론하고 정보의 미숙에도 불구하고 손해를 입지 않는다면 그것은 차라리 요행이라 할 수 있을 것이다.

우리기업의 중국투자도 예외없이 동일한 현상을 보여주고 있다. 한국기업의 중국투자가 성공이냐 실패냐 하는 단정적인 판결을 내리기는 힘들다. 대체로 50％의 안정, 25％의 현상유지, 25％의 위기 정도로 인식되고 있다. 그러나 이것도 정확지가 않다. 정보부재다.

국내 중소기업들 간에는 요즘 이런 말이 유행하고 있다. 『중국에는 가야 하는 데 가기에는 벽이 많다.』 거꾸로 해석하면 벽(壁)이 많아 못간다는 말이 된다.

먹고 싶은 떡이 눈앞에 있는데도 먹다가 체하지는 않을지, 상한 것은 아닌지 등을 걱정하는 것이다. 먹고 잘못된 경우의 이야기가 회자되고 있다보니 조심성이 지나쳐 두려움으로 변한 점도 있다.

그럼에도 불구하고 중국에 대한 관심은 높아져만 간다. 지난해 중소기업진흥공단이 해외투자를 계획하고 있는 400여개 사를 대상으로 실시한 조사에서 조사대상의 절반이 넘는 253개 사가 투자유망지역으로 중국을 꼽았다.

253개 사가 중국투자를 할 경우 1개 사당 평균 80만 달러만 잡아도 2억 달러가 넘는다. 중국은 이제 국내기업의 탈출구로 인식되고 있는 셈이다. 그러나 중국투자도 점차 어려워지고 있는 것이 현실이다.

투자상담차 상해로 가던 가스버너업체의 C사장은 이런 말을 했다.

『가야죠. 업계사람들 모두 한결같이 가고 싶어는 해요. 한 번씩은 다녀오기도 했고 시장성도 있다는 결론이 나왔죠. 그런데도 선뜻 못 가는 것은 겁이 나기 때문 아닙니까? 중소기업이 해외에 수억 원을 투자한다면 거의 전재산을 쏟아붓는 셈인데 쉽게 결정되겠습니까.』

중국에 몸을 두고 있는 사람으로 한국의 대중국투자 지식을 어느 정도의 수준으로 평가할 것인가 하는 문제가 여기에서 나온다. 수도 없이 많은 중국관련 서적들 중에 과연 기업에 도움이 된 책은 몇 권일까 하는 의문도 나오고, 이마저 제대로 읽어본 기업은 또 어느 정도일까 하는 반문도 해본다.

정부기관에서도 제대로 된 한국기업의 대중국투자에 관한 통계하나 제대로 갖추고 있지 못하다. 900개니 1,000개니 하는 공식허가신청 숫자가 있지만 현지에서는 2,000개 이상의 한국기업이 들어와 있는 것으로 보고 있다. 현실의 파악조차 되지 않는 상황이니 뾰족한 대책이 나올 수 없는 것이다.

관련 정부기관에서 나온 보고서들은 불법투자를 막는 것이 한국기업의 투자질서확립에 도움이 된다고만 이야기하고 있지 왜 불법투자가 생겼는지에 대해서는 일언반구가 없다. 하기 좋은 말만 하는 것이다. 전체적인 정보의 취합은 차치하고 부분 정보의 짜깁기도 제대로 못하고 있는 현실이다.

투자기업의 실패사례가 아무리 널리 선전된다 해도 동일한 전철을 밟게 될 기업은 많다. 아직은 중국진출에 정부의 통제가 있어야 한다는 우리 정부의 주장도 일리가 있다. 너도나도 모두 진출하니 무자격자를 골라내야 하는 문제가 발생한다.

기업측 이야기를 들어보면 또한 수긍이 간다. 중국으로 생산기지를 옮기지 않으면 안 될 한국 내의 여건은 중국 진출을 해야만 하는 이유로 떠오른다.

어차피 중국에 진출해야 하고 실질적으로 매년 중국투자를 생각하는 기업이 늘어가고 있는 이상 중국투자에서 「자(資)」가 가진 의미를 되새겨 보아야 한다. 단순히 현상으로 드러나는 문제점뿐만 아니라 그 속에 숨겨져 있는 여러 요소를 생각해야 한다. 중국투자는 이런 요소가 오히려 중요하게 부각될 때가 많다.

제6장

중국을 보는 10가지 시각

1. 중국의 「틈」 비즈니스

『중국시장을 장악하기 위해서는 「틈」 비즈니스를 노려라』

중국진출 일본기업들이 신년들어 내건 슬로건이다.

일반적으로 한 나라의 산업발전사를 보면 철강 등 기간산업이나 섬유 등 경공업부터 서비스산업으로 단계를 밟아간다.

그러나 이러한 수순을 무시한 채 각 산업이 동시에 급격히 발전하고 있는 곳이 지금의 중국이다.

그런 까닭에 중국의 산업발전에는 여러 가지 「틈」이 발생한다. 산업과 산업 사이에 수많은 공간이 존재하고 있는 것이다.

햄수요가 늘어 돼지사육을 증대시켰으나 정작 햄가공 설비를 만드는 공장이 없다는 식이다. 여기저기 구멍이 뻥뻥 나 있다.

이 「틈」을 메우는 비즈니스야말로 「황금알을 낳는 거위」가 된다는 말이다.

일본기업들의 중국시장 공략목표가 바로 이 분야다.

일본의 다국적 유통회사인 야오한그룹은 다이쇼리제지회사와 중국

국영회사 등과의 합작으로 제지회사를 세웠다.

중국에는 품질이 좋은 화장지가 부족하다는 것이 일본상인들의 눈에 보인 것이다.

일본으로부터 최신기계와 노하우를 도입하여 상품을 만들고 중국 각지의 호텔 및 국영기업들에 공급할 계획이란다.

야오한은 화장품과 포장재도 합작으로 생산할 준비를 하고 있다.

이렇게 제조된 상품들을 중국 내의 백화점 및 슈퍼마켓을 통해 판매한다는 것이 틈 비즈니스의 전략이다.

햄제조·화장품제조·포장재회사·양과자회사·농기계제조회사 등이 일본기업들 간에 틈 비즈니스 대상으로 각광받고 있다.

이러한 틈 비즈니스들이 모이면 「중국진출에로의 튼튼한 다리」가 될 수 있다고 일본기업들은 믿고 있다.

뒤늦게 중국문을 두드리고 있는 우리의 현실은 어떠한가. 임금따먹기와 사양산업 이전이 대부분이다.

적어도 지금까지의 행태는 그렇다.

우리도 앞으로는 가능성과 장래성이 있는 우리나름의 「틈」비즈니스를 선정해야 할 때다.

2. 중국의 자신감

　광동성의 한 고위관리는 저녁식사를 같이 하는 사석에서 이런 말을 했다.

『중국은 젓가락 문화의 본고장이다. 한국의 젓가락보다 중국 것이 더 길다.』

　갑자기 젓가락 이야기는 왜 꺼내는가 했는데 다음 말이 재미 있었다.

『젓가락이 더 길다는 것은 손재주가 더 좋다는 것을 의미한다. 노동숙련도를 필요로 하는 모든 산업은 중국이 장악하게 될 것이다.』

　그는 예까지 들며 말을 이어나갔다.

『신발·섬유 등 노동집약산업만을 말하는 것이 아니다. 이미 전자산업의 조립분야는 세계최고다. 자동차 조립부문에서도 몇 년 안에 한국을 따라잡을 수 있다고 본다.』

　젓가락 문화의 이론이 산업기술 발전의 논리로 이어지고 있다. 그럴 듯하게 들리기도 하고, 좀 과장된 것 같기도 하다.

사석에서보다 공식석상에서의 발언들은 두려움마저 느끼게 한다. 『적어도 광동성은 10년 안에 한국을 추월할 수 있을 것으로 기대된다.』

논리의 근거까지 제시한다.

누구나 일에 대한 의욕에 불타 있다는 것, 돈을 벌고자 하는 강한 집념에 사로잡혀 있다는 것, 돈을 버는 데는 직업의 귀천이 없다는 사고방식 등이 그 근거라는 것이다.

이야기가 너무 추상적이고 싱겁다는 생각은 오래가지 않았다. 그는 폭탄선언을 했다. 『우리는 매춘도 어느 정도까지는 눈감아 준다. 그들은 자신들의 능력 안에서 돈을 벌고 있는 것이다. 하지만 도박은 용서할 수 없다. 그것은 경제를 병들게 할 뿐이다.』

이것도 경제대국으로 가는 하나의 방법일까. 그는 경우에 따라서는 시에서 직접 디스코텍이나 가라오케를 운영한다고 밝힌다. 외국인투자 유치를 위해서는 이들이 즐겨 찾는 유흥업소를 시가 몸소 운영하는 것이 효율적이라는 논리다. 그가 열거한 몇 가지 사례들은 과장이 섞인 것처럼 들린다. 그러나 중국정부의 고위 관리가 이렇게 말할 수 있는 것은 그만큼 자신감이 생겼다는 증거다. 「실력」이라는 배경(?)이 없으면 감히 꺼낼 수 없는 말이다.

3. 중국의향서 유감

『의향서(LI)는 술집에서도 몇십 개씩 쓸 수 있는 것이다.』

중국비즈니스에서 의향서가 차지하는 위치다. 함께 일하고자 하는 마음만 통하면 교환하는 것이 의향서다. 의기투합의 증표로 몇 자 적는 정도다.

중국의향서는 대부분 『① 갑, 을 쌍방 간에 어떠한 사업을 하기로 동의한다. ② 중국 법률에 따라 시행한다. ③ 구체적인 협의는 추후에 한다』로 되어 있다.

투자규모나 사업항목만이 대략적으로 정해질 뿐 구체적인 언급이 없다. 사업시기도 규정짓지 않는다.

한 가지 사업을 놓고도 여러 사람들과 의향서를 교환할 수 있다. 따라서 의향서가 곧바로 계약(contract)으로 이어지는 경우는 흔치 않다.

국제적으로 통용되는 의향서의 상관습 개념과는 거리가 멀다. 국제 관습상 의향서는 법률적 효력은 없지만 사업시기 및 추진방향 등

합작에 따른 주요 결정사항들을 포함한다. 또한 상도덕과 신뢰성이 뒤따른다.

의향서 다음에 교환되는 것은 협의서(memorandum)이다.

의향서에서 합의한 사항을 더 구체적으로 명시하는 단계다. 중국 비즈니스에서는 이 단계도 아무런 의미가 없다.

국제관습상으로는「국제적 문서」로 대접받을 수 있는데도 중국에서는 통하지 않는다.

결국 중국비즈니스에서는 정식 계약만이 유효하다. 중국에서는 의향서나 협의서는 휴지조각이 될 수도 있는 것이다.

그런데도 우리나라 기업들은 의향서 교환만으로도 경쟁적으로 언론에 중국사업 관련 사항을 흘리고 있다.

일부기업들은 수십수백 건의 의향서를 교환하고 그중 굵직굵직한 사업을 발표까지 했다. 그러나 정작 계약이 체결된 것은 의향서의 1%에도 못 미치고 있는 실정이다.

초기의 시행착오를 거쳐 중국의향서의 허실을 알 때가 됐는데도 이러한 행태는 계속되고 있다. 때로는 자금조달의 편법으로, 때로는 정치적 이용을 위해서 그러는 것이라는 생각이 든다.

이 와중에 진짜 중국진출을 원하는 기업들은 투자에 혼선을 빚고 있는 것이다.

4. 중국시장을 보는 눈

중국 서북부 끝에 위치한 신강위구르자치구의 수도 우루무치에서 전기·전자제품전시회가 열린 적이 있다.

우리나라 업체들은 이 전시회 참여를 망설였다. 시장성에 대한 확신이 서지 않았기 때문이다. 그도 그럴 것이 신강 위구르자치구는 인구가 1,500만여 명에 불과하고 그나마 이곳저곳으로 분산되어 있다. 그들의 소득수준도 높지 않다. 게다가 지도상으로 보면 사막투성이다. 당분간은 개발조차 생각할 수 없는 땅으로 보인다.

하지만 이 전시회에 일본기업들이 대거 몰릴 것이란 정보가 돌았다.

개척자정신(?)이 투철한 우리기업들도 이에 뒤질세라 전시회 참여를 결정했다.

『현재의 시장성보다 장래의 수요를 겨냥하자』는 판단이 섰던 것이다.

우루무치에서 전시장 준비를 하고 있던 우리기업은 일본기업의 전시준비 현장을 둘러보고 좀 의아하다는 생각이 들었다.

『난데없이 웬 팩시밀리를 가설하고 있는가. 앞을 내다봐도 너무 멀리 보는군.』

이번에는 자신 있다는 생각이 들었다. 이 지역 소비자들은 분명 컬러 TV·냉장고 등 가전제품을 선보이는 한국업체 전시장으로 몰릴 것이라는 기대에 부풀었다.

그러나 이러한 예측은 빗나가고 말았다. 전시회가 열리는 날부터 도저히 이해할 수 없는 일만이 벌어졌다. 우리업체들의 컬러 TV는 거들떠 보지도 않고 모조리 일본업체들의 팩시밀리 전시장으로 몰린 것이다. 눈에 불이 튀었으나 승부는 이미 끝난 후였다. 뒤늦게나마 시장조사를 한 후 그 이유를 알 수 있었다. 컬러 TV 등 전자제품은 이미 대부분 갖추고 있었다. 변경(국경)무역을 통해 값싸게 넘어온 제품들을 손쉽게 소비자가 구할 수 있었던 것이다.

이 지역사람들은 변경무역으로 생활을 꾸려 나가는 비즈니스맨들이기에 팩시밀리가 필수적이라는 것이다. 중국내 장거리 전화료나 국제전화료보다는 팩시밀리 사용료가 훨씬 싸기 때문에 팩시밀리는 없어서 안되는 상품이었다. 중국에는 방언이 많아 언어가 잘 통하지 않는 점도 이들이 팩시밀리를 선호하는 원인 중 하나다. 문자로 써 보내야 쉽게 이해할 때가 종종 있다는 것이다.

중국은 너무도 넓다. 그만큼 변수도 많다. 상식이 안 통할 때가 많다. 중국진출을 위해서는 철저한 시장조사가 선행되야 하는 이유도 바로 여기에 있다.

5. 엉덩이로 글씨쓰기

엉덩이로 글씨쓰기가 중국땅에서 말썽을 빚고 있다.

순 한국산 특허품(?)이 중국땅에서는 맥을 못추고 있다. 오히려 문제만 일으키고 있다.

중국에 진출한 우리나라 기업들은 노사화합 차원에서 엉덩이를 흔들며 글씨쓰기 게임을 도입했었다. 우리나라에서와 마찬가지로 이같은 레크리에이션을 벌이면 노사가 좀더 가까워질 수 있으리라는 기대가 작용했던 것이다.

그러나 결과는 정반대로 나타났다.

중국 여공들은 이런 게임을 좋아하지 않았다. 몸에 익숙지 않아 받아들이는 자체를 거부했다.

이를 덮어두고 지나갈 한국의 위인들이 아니다. 지시에 따르지 않는다고 욕설을 퍼부었음은 물론이다.

이는 당연히 노사분규로 이어지게 마련이다. 잘 해 보자고 시도한 것이 최악의 사태를 낳고 있다.

물론 한국기업의 입장을 이해하지 못하는 것은 아니다. 얼마나 중국 노동자들을 다루기가 힘들었으면 이러한 게임까지 도입했겠는가.

문제는 접근 방법에 있다.

우리와 중국의 기업문화 및 관습이 다른데도 「우리식」을 단시간 내에 그들에게 주입하려 할 때 말썽이 생긴다.

중국에서의 기업가와 노동자들의 위치는 우리나라와 같은 자본주의 국가에서의 그들 위치와 다르다.

우리와 같은 사용자와 피사용자의 관계보다는 상하관계가 훨씬 흐린 것이 사실이다. 사회주의 평등사상이 아직 몸에 배어 있는 것이다.

중국정부 일각에서는 「엉덩이로 글씨쓰기」를 중국근로자의 권익침해로 규정짓고 있다.

우리네 할머니들이 손자가 하도 귀여워 고추를 매만지는 것을 보고 이상히 여기는 서양사람들의 사고방식과 같다고나 할까.

중국이 최근 들어 해외투자 기업들에 노동조합 결성을 의무화하라는 지시를 반복적으로 내리는 것도 이와 무관하지 않다.

해외자본과 기술은 유치하되 중국인민의 자존심은 지키겠다는 의지다.

기술자 몇 명을 보내서 운영하는 중국의 임금따먹기식 공장운영은 이제 한계에 왔다.

중국 근로자들과 일체감을 조성하고 장기적으로 공장을 운영하기 위해서는 기술 외에 「관리차원」의 문제도 고려해야 할 시점인 것이다.

6. 차이니즈 마켓

차이니즈 마켓(Chinese Market)이란 말이 있다.

이는 바이어스 마켓(buyer's market)도, 셀러스 마켓(seller's mareket)도 아니다. 수요공급의 원칙이 통하지 않는 시장이다. 그렇다고 불황이나 호황에 영향을 받는 것도 아니다.

순전히 중국사람 마음대로다. 가격도 불량도 왕서방 마음먹기에 따라 얼마든지 달라질 수 있기에 「차이니즈 마켓」이란 별칭이 생긴 것이다.

차이니즈 마켓에서는 적어도 세 사람(기관)의 비위를 맞춰야 물건을 팔 수 있다.

생산하는 사람, 돈을 대주는 사람, 무역권이 있어 수입을 허가하는 사람이 그들이다.

한 예로 중국내 자동차회사가 아무리 한국산 철강재를 쓰려 해도 단독으로 결정할 수 없다. 세 기관 모두의 승낙을 받아야 한다. 그만큼 수출하기 어려운 시장이다.

우선 생산을 담당하는 자동차회사가 한국산 철강재의 우수판정을 내려야 한다. 그러나 이는 품질에 대한 의견제시일 뿐이다. 생산업자에게는 수입대금 지출권 및 무역권이 없다.

다른 나라에서는 상상도 못할 시스템이 중국에서는 운영되고 있는 것이다.

품질우수판정을 받은 후에는 「국가물자부」로 쫓아가야 한다. 물자부는 국가기관으로 품목별 수급관리 및 무역밸런스를 보아가며 자금을 생산업체들에 대주는 곳이다.

이곳에서 자금지출 허락이 떨어지면 이번에는 철강구매 관련 무역권을 가지고 있는 오금(五金)공사를 방문해야 한다. 철강구매권은 모두 오금공사가 쥐고 있다.

어느 한 곳만 삐끗해도 공든 탑이 무너진다. 「패키지」로 계약을 체결해야 비로소 수출길이 열린다.

이렇게 어렵게 수출을 하고도 중국인들에게 고맙다는 인사를 잊어서는 안된다. 북경주재 한 상사 직원은 『수출하고 나면 옛날 조공주던 시대가 연상된다』며 『그 정도 인맥이 형성돼야 겨우 이루어질 수 있다』고 실토한다.

중국시장은 결코 호락호락한 시장이 아니다. 문이 열렸다고 당장 어떤 성과를 기대했다가는 실망하기 십상이다. 중국시장의 특성을 철저히 파악하는 것이 선결과제다.

7. 중국의 진정한 국력은 어느 정도인가

중국정부는 1993년도 국내총생산(GDP) 및 1인당 GNP를 발표하면서 달러화 환산치를 보도하지 않았다.

이유는 간단하다.

중국의 진짜 국력을 감추기 위한 전략이 내포된 것이다. GDP 3조 1,380위안과 1인당 GNP(도시주민기준) 2,137위안은 달러 대 위안화의 환율을 어떻게 적용하느냐에 따라 달라진다. 1993년의 공정환율을 적용할 경우 GDP는 5,400억 달러, 1인당 GNP는 400달러를 웃돈다.

하지만 1994년부터 실시되고 있는 단일환율제 아래서의 환율로는 GDP는 3,600억 달러, 1인당 GNP는 270달러 수준에 머물게 된다.

엄청난 차이다. 환율적용을 어떻게 하느냐에 따라 중국 국력이 다르게 보이는 것이다. 관례를 깨고 중국관영 영자지 《차이나 데일리》도 GDP의 달러화 환산치를 보도하지 않았다. 어떠한 기관도 중국 GDP의 달러화 가치를 묻는 질문에 공식답변을 하지 않았다.

중국정부의 이 같은 태도는 「빗좋은 개살구」가 되기보다는 『남모르게 실속을 차리자』는 중국인의 기질에서 비롯된 것이다.

남의 주목을 받아 경쟁국이라는 인식을 심어주어 이득될 것이 없다는 판단이다.

지난 1993년 《뉴욕타임스》의 보도에도 중국은 민감하게 반응했다. 이 신문은 국제통화기금(IMF)의 구매력평가를 응용, 각국의 경제를 비교한 결과 중국의 경제규모는 본래 계산치의 4배이고 미·일 다음으로 세계 제3위의 국력을 가진 국가라고 밝혔었다.

이 계산방법에 의하면 중국의 1992년도 GDP는 1조 7,000억 달러다. 단순히 미국 달러 대 중국위안화의 환율을 사용한 GDP계산치인 4,000억 달러와는 큰 차이가 있다.

이에 대해 중국은 『우리나라의 GDP를 지나치게 높게 평가하고 있다』는 외교부 반박성명을 냈다. 국가통계국도 『우리는 아직 개발도상국에 속해 있다』라는 논평과 함께 이같은 보도가 「중국위협론」에서 출발한 것이라고 비난했다.

중국의 이러한 반응의 배경에는 국제차관공여라는 「실익」이 숨겨져 있다. IMF의 계산방법에 따르면 중국의 1인당 GNP는 1,600달러이다. 세계은행의 규정에는 1인당 GNP가 765달러를 넘는 국가는 35년간 무이자 차관을 받을 자격이 없도록 되어 있다.

중국은 「국익」을 위해서라면 언제든지 자기 자신을 낮출 수 있는 나라다.

8. 전점후창

전점후창(前店後廠)이란 말이 있다. 최근 들어 홍콩비즈니스계에서 유행되는 언어다.

중국의 앞마당(경제창구)격인 홍콩에 가게를 내고 광활한 뒷마당 광동성에는 공장을 세운다는 뜻이다.

가게에서는 판매·디자인 및 설계·기술교육 등을 실시한다. 공장에서는 제조만 할 뿐이다.

홍콩제조업의 생산라인이 광동성으로 이전되면서 홍콩의 자본·기술과 중국의 토지·노동력이 급속도로 결합하고 있다.

이 두 지역의 합작품으로 탄생한 것이 이른바 「중국산 홍콩제품」이다. 이 제품이 우리의 수출시장을 잠식하는 「무서운 아이들」로 등장하고 있다.

『도저히 원가를 맞출 수가 없습니다. 일부 중국산 홍콩제품은 우리의 덤핑가격보다 낮습니다. 그렇다고 품질면에서 우리가 앞서는 것도 아니고요.』

홍콩에서 수출상담을 하고 한국으로 돌아가는 한 무역상사 간부의 고백이다.

홍콩 통계처에 따르면 1992년 상반기 중 홍콩을 경유, 재수출된 중국산 제품은 215억 3,900만 달러. 이중 77%에 달하는 166억 2,900만 달러어치의 중국산 제품은 홍콩 제조업체들의 위탁가공에 의해 생산된 것이다. 이들 상품수출액은 1991년의 같은 기간보다 45.0% 증가한 것으로 나타나고 있다.

『실제로 중국 광동성 남단 주강(珠江)삼각주 일대는 이 같은 홍콩 업체 외주가공 생산붐으로 인해 이미 한국·대만을 능가하는 세계 최대 규모의 노동집약상품 제조업 생산기지로 부상하고 있습니다.』

홍콩 주재 종합무역상사들은 앞으로 수년 내에 전기·전자제품 등 자본기술집약상품 분야에서도 중국산 홍콩제품이 한국과 대만을 앞지를 것으로 점치고 있다. 홍콩제조업계의 대중국 외주가공품은 생산비용면에서 충분한 경쟁력을 확보하고 있다.

이에 홍콩의 자본과 기술, 그리고 세계최고 수준의 해운운송망이 뒷받침되고 있다.

이에 홍콩의 자본과 기술, 그리고 세계 최고 수준의 해운 운송망이 뒷받침하고 있다.

우리상품과 세계 주요 수출시장에서 경쟁이 치열해질 수밖에 없다. 유럽과 미국에서 우리제품과 격돌하고 있는 중국산 제품도 사실은 홍콩상품이다. 홍콩과 중국을 함께 조명할 수 있는 눈이 필요하다. 홍콩의 시장동향 분석 없이 무턱대고 중국대륙 시장만을 노크하는 우리기업들의 인식전환이 필요한 때다.

9. 중국 중소기업의 위력

　홍콩에서 요즘 힘깨나 쓰는 기업들 중에는 중자기업이란 것이 있다.

　중자기업은 중국계 자본기업의 준말이지만 홍콩에서는 이미 보통 명사화되었다.

　이는 중국의 홍콩진출과 홍콩·중국간 경제 일체화가 진행되고 있음을 알리는 함축어이기도 하다. 홍콩중국기업협회와 《경제도보사(經濟道報社)》가 최근 공동 출판한 《홍콩중자(中資)기업(Enterprises with PRC Capital)》이라는 책자 첫머리에도 『중자기업은 하나의 습관적인 호칭이다』라고 명시하고 있을 정도다.

　중자기업은 「홍콩에서 법률규정에 따라 등록하고 중국내지의 자본을 갖춘 기업」으로 정의된다. 100％ 중국자본이거나 중국과 홍콩, 중국과 해외자본의 합작경영 및 주식참여방식 경영기업 등으로 분류되고 있다.

　기본적으로 중자기업은 중국개혁·개방정책의 산물이다. 중국 전역에 흩어져 있는 유수한 기업들이 홍콩에 진출하고 있다. 기업경영 범위 확대·자금모집·수출활로 개척 등 다양한 목적을 가지고 홍콩을 중국사업의 본무대로 활용하고 있다.

『종전에는 홍콩이 중국기업들의 숨구멍 역할을 했으나 이제는 오히려 이 기업들에 의해 하나둘씩 장악되어 가고 있다.』

홍콩기업인들의 분석대로 중자기업들은 금융·항공·해운·창고·무역·여행업·건축업·부동산관리업·레저업 등에서 문어발식으로 침투해 들어가고 있다.

이 중자기업들은 800여개나 된다. 홍콩에 사무실만 두고 있는 중자기업까지 합치면 2,000개가 넘는다. 이들은 철저한 자본주의적 기업경영수법을 활용하고 있다. 주식시장을 이용하여 자금을 조달하는 것은 물론 홍콩의 공익사업에도 서슴지 않고 출자한다.

일본·영국의 텃세로 뚫기가 그토록 어렵다는 유통망까지 서서히 침투하고 있다. 화윤(華潤)기업은 이미 홍콩에 37개의 슈퍼체인을 설립했다. 우리기업들이 감히 엄두도 못내던 유통망을 중자기업들은 단시일에 파고 들었다.

1997년 홍콩접수를 겨냥한 중자기업들의 발빠른 움직임에 주목할 때다.

앞으로 그들이 세계 무역 환경을 좌지우지할 날도 멀지 않았다.

10. 중국투자와 정보

홍콩은 정보의 도시다. 각종 산업정보가 떠다닌다. 그중에는 정확한 정보도 있지만 거짓정보도 많다.

그래서 산업스파이들에 의해 흘려진 잘못된 정보에 의존하다가는 크게 손해를 보는 경우도 생긴다.

최근 홍콩거주 산업브로커들의 최대고객은 한국기업이다. 그중에서도 정보에 어두운 중소기업들이야말로 그들이 노리는 대상이다.

한·중 수교로 형성된 중국투자붐 덕에 어떠한 정보도 한국기업들에게는 잘 먹혀들어간다는 것이 그들 스스로의 고백이다. 북경주재 미국업체가 자기 지분을 판다는 소식에 한국업체들이 경쟁적으로 달라붙었다는 것이 한 예다.

중국측과 합작으로 세워진 이 회사는 경영이 너무 어려워 어떻게 해서든 빠져나올 궁리만 하고 있던 터였다.

미국기업이 손을 떼고 나가는 회사에 우리나라 기업들이 덤벼들고 있는 것이다. 신중한 사전조사 없이 돈을 많이 벌고 있는 미국 기업이 지분을 판다는 거짓정보에 무턱대고 달려들고 있다.

『잠자리가 먹이만 쫓다가 거미줄에 걸려들면 껍데기만 남고 몸뚱아리는 모두 거미밥이 된다』라는 얘기는 일본기업인들이 오랜 중국장사에서 얻은 교훈이다.

일단 거미줄에 걸리면 모든 것을 포기해야 한다. 몸부림치면 칠수록 거미줄에 묶여 꼼짝도 못하게 된다.

심양(요녕성)에 대단위 오피스텔을 짓다가 포기한 일본기업이 이같은 케이스다. 사전정보 소홀로 여러 가지 예기치 않았던 계약조건에 묶여 건설도중에 중국측에 헐값으로 넘겼다.

몇 푼이라도 건지기 위한 궁여지책이었다.

돈벌이에 관한 한 중국인들은 철저하다. 중국통이라고 자처하는 홍콩인들도 가끔 곤욕을 치르는 경우가 있다. 투자 및 무역분규가 일어나면 여지 없이 당한다. 홍콩에 나와 있는 중국의 산업브로커들이 이를 해결해주고 커미션을 받는다.

산업스파이들은 정작 중요한 정보는 감춘다. 문제가 발생하면 해결해 주고 그 대가를 받기 위해서다.

북방진출을 희망하는 우리기업들은 중국투자 정보에 목말라 있다. 급한 김에 분별 없이 아무런 정보나 덥석 물었다가는 큰코 다친다. 거미줄에 걸려 껍데기만 남게 된다.

〈부록 Ⅰ〉

한 · 중 투자보호협정 및 의정서

대한민국 정부와 중화인민공화국 정부 간의 투자증진과 상호보호에 관한 협정

대한민국 정부와 중화인민공화국 정부(이하 "체약당사자"라 한다)는, 양국 간의 경제협력을 강화하기를 희망하고, 투자 및 투자와 관련된 사업활동에 대하여 각국이 부여하는 호의적인 대우와 보호를 통하여 타방 국가의 영역 안에서 일방국가의 투자자에 의한 투자에 유리한 조건을 조성하기를 희망하며, 투자의 증진과 상호보호가 양국 간 경제와 기술교류를 촉진시킨다는 것을 인식하여, 다음과 같이 합의하였다.

제 1 조

이 협정의 목적상,

가. 「투자」라 함은 일방국가의 투자자가 투자 당시의 타방국가의 관계법령에 따라 타방국가의 영역 안에서 행한, 투자로서 사용된 모든 종류의 자산을 말하며, 특히 다음의 것을 포함하나, 이에 한정되지 아니한다.

(1) 동산, 부동산과 저당권·유치권·질권·용익권과 같은 모든 물권적 재산권 및 이와 유사한 제권리

(2) 지분·주식·채권·회사의 사채 또는 그밖의 다른 형태의 회사·기업 또는 합작사업에의 참여권

(3) 금전 또는 투자와 관련하여 경제적 가치를 가진 모든 행위에 대한 청구권

(4) 저작권·상표권·특허권·산업디자인·기술공정·노하우·영업비밀·상호권 등을 포함한 지적소유권 및 영업권

(5) 법률 또는 계약에 의하여 부여되는 모든 권리 및 자연자원의 탐사·추출·개간 또는 개발을 위한 권리를 포함한 법률에 따른 각종 면허 및 허가

자산이 투자되는 형태의 어떠한 변경도 동 자산의 투자로서의 성격에 영향을 미치지 아니한다.

나. "수익"이라 함은 투자에 의하여 얻은 금액을 말하며, 특히 이윤·이자·자본수익·배당·사용료 또는 수수료를 포함하나 이에 한정되지 아니한다. 투자로부터 발생하는 수익과, 재투자의 경우 그러한 재투자로부터 발생하는 수익은 투자와 동일한 보호를 향유한다.

다. "투자자"라 함은 타방국가의 영역 안에서 투자하는 일방국가의 국민 또는 회사를 말한다.

(1) "국민"이라 함은 일방국가의 국적을 가지고 있는 자연인을 말한다.

(2) "회사"라 함은

(가) 대한민국에 관하여는 유한책임의 여부, 법인격 여부 및 금전적 이익을 목적으로 하는가의 여부에 관계없이 법인·합작회사·회사 및 협회를

말하며

(나) 중화인민공화국에 관하여는 기업·기타 경제조직체 및 협회를 말
한다.

일방국가의 관계법령에 따라 설립되고 동 국가의 영역 안에 주소를 가진
회사는 동 국가의 회사로 본다.

제 2 조

1. 각 체약당사자는 자국의 영역 안에서 타방국가의 투자자에 의한 투자
를 가능한 한 촉진시키고 자국의 관계법령에 따라 그러한 투자가 허가되도록
한다.

2. 일방국가의 투자자는 타방국가의 영역 안에서 투자의 허가 및 투자허
가와 관련된 사항에 대하여 제3국의 투자자에게 부여되고 있는 것보다 불리
하지 아니한 대우를 받는다.

3. 투자 및 투자와 관련된 사업활동을 목적으로 타방국가에 입국하여 체
류하기를 희망하는 일방국가의 국민은, 사업활동을 위한 면허와 허가신청 및
타방국가 안에서의 입국·체류 및 거주신청에 대하여, 타방국가의 관계법령
에 따라 호의적인 고려를 받는다.

제 3 조

1. 일방국가의 투자자는 타방국가의 영역 안에서 투자, 수익 및 투자와
관련된 사업활동에 대해서 제3국의 투자자에게 부여되고 있는 것보다 불리하
지 아니한 대우를 보장받는다.

2. 일방국가의 투자자는 타방국가의 영역 안에서 투자·수익 및 투자와
관련된 사업활동에 대하여 타방국가의 투자자에게 부여되는 것보다 불리하지
아니한 대우를 보장받는다.

3. 이 조의 규정에 "투자와 관련된 사업활동"이라 함은 특히 다음의 것을 포함하나 이에 한정되지 아니한다.

　가.　지사·대리점·사무소·공장 및 기타 사업활동의 수행을 위한 적절한 시설의 유지

　나.　설립 또는 취득한 회사의 통제와 경영

　다.　기술자·임원·변호사 및 기타 직원을 포함한 전문가의 고용과 해고

　라.　계약의 체결과 이행

4. 제1항의 규정은 일방국가가 다음의 것에 의하여 부여할 수 있는 여하한 대우, 특혜 또는 특권의 혜택을 타방국가의 투자자에 대하여도 부여해야 하는 것으로 해석되지 아니한다.

　가.　양 국가 중 어느 일방국이 당사국이거나 또는 당사국이 될 수 있는, 어떠한 기존 또는 미래의 관세동맹·자유무역지대·공동대외관세지대·통화연맹·이와 유사한 국제협정 또는 기타 지역협력기구

　나.　전적으로 또는 주로 과세에 관한 어떠한 국제협정이나 국제약정

제 4 조

일방국가의 투자자가 타방국가의 영역 안에서 자신들의 권리 행사와 방어를 위하여 법원·행정심판소 또는 행정기관을 이용함에 있어 부여되는 대우는 타방국가의 투자자 또는 제3국의 투자자에게 부여되는 대우보다 불리해서는 아니된다.

제 5 조

1. 일방국가의 투자자의 투자와 수익은 타방국가의 영역 안에서 지속적인 보호와 안전을 부여받는다.

2. 일방국가의 투자자의 투자와 수익은 타방국가의 영역 안에서 비차별적

공공목적의 경우를 제외하고는 국유화 또는 수용되지 아니하며, 국유화 또는 수용과 동등한 효과를 갖는 조치(이하 "수용"이라 한다)의 대상이 되지 아니한다. 수용은 관계 법령에 따라 이루어져야 하며 보상되어져야 한다.

3. 제2항에 규정된 보상은 수용결정이 발표되었거나 또는 수용결정이 알려지는 때 바로 직전 투자의 시장가치를 기초로 계산된다. 시장가격이 즉시 확인될 수 없는 경우 보상은 일반적으로 인정되고 있는 가치산정 원칙에 따라, 그리고 투자된 자본, 감가상각, 이미 회수된 자본 및 기타 관련요소 등을 고려한 공평한 원칙에 기초하여, 결정되어야 한다.

위의 보상은 지체없이 이루어져야 하며, 수용일부터 지불일까지 적절한 이율의 이자를 포함하여야 하며, 보상금액 결정일에 적용되는 공식환율로 실질적으로 환금되어지고 자유롭게 송금될 수 있어야 한다.

4. 일방국가의 투자자는 타방국가의 영역 안에서 제1항 및 제3항에 규정된 사항과 관련하여 비차별적 대우를 보장받는다.

5. 영향을 받은 투자자는 수용을 행한 국가의 법률에 따라, 그 국가의 관할법원·행정심판소 또는 권한있는 행정기관에서 이 조 제2항·제3항 및 제4항에 규정된 조치 및 보상금액과 관련하여 재판을 받거나 신속한 심사를 청구할 권리를 가진다.

6. 일방국가의 모든 영역 안에서 시행되고 있는 법률에 따라 설립되는 회사에 타방국가의 투자자가 지분을 소유하고 있는 경우 그 회사의 자산을 동 일방국가가 수용하는 경우에는, 이 조의 규정이 적용된다.

제 6 조

1. 일방국가의 투자자는, 무력충돌·국가비상사태 또는 소요로 인하여 타방국가의 영역 안에서 자신의 투자가 손실을 입은 경우, 원상회복·배상·보상 또는 기타의 해결에 관하여 타방국가가 제3국의 투자자에게 부여하는

것보다 불리하지 아니한 대우를 받는다.

2. 제1항을 방해함이 없이, 일방국가의 투자자가 동항에 규정된 어떠한 상황하에서 타방국가의 영역 안에서 다음에 의하여 피해나 손실을 입은 경우, 징발의 기간 동안 지속된 피해나 손실, 또는 재산파괴 결과로 생겨난 피해나 손실에 대하여 공정하고 적절한 보상을 받는다.

가. 타방국가의 군대 또는 당국에 의한 재산의 징발

나. 전투행위 중에 일어난 것이 아니거나, 또는 상황의 필요성에 비추어 필요하지 아니하였던 타방국가의 군대 또는 당국에 의한 재산의 파괴

3. 이 조 제1항 및 제2항 상의 보상에 따른 지불은 지체없이 이루어져야 하며, 보상금액 결정일에 적용되는 공식환율에 따라 결정된 환율로 자유롭게 송금될 수 있어야 한다.

제 7 조

일방체약당사자 또는 동 당사자가 지정하는 기관이 타방국가의 영역 안에서의 투자에 대하여 제공한 보증에 따라 자국의 투자자에게 지불을 하는 경우, 타방체결당사자는 다음 사항을 인정한다.

가. 법률에 의하거나 또는 동 타방국가에서의 합법적 거래에 따른, 투자자로부터 일방 체약당사자 또는 동 일방당사자가 지정하는 기관으로의, 모든 권리 또는 청구권의 이전

나. 일방체약당사자 또는 동 일방당사자가 지정하는 기관이 대위에 의하여 투자자의 권리를 행사하고, 청구권을 집행할 자격을 가지며 투자와 관련된 의무를 부담하는 점

제 8 조

1. 일방국가의 투자자는 투자와 관련하여 특히 다음의 것을 타방국가의

관계법령에 따라 지체없이 모든 자유태환성통화로 동 타방국가의 영역밖으로 송금하는 것을 보장받으며, 그러한 송금이 다음의 것에 한정되는 것은 아니다.

　가. 일방국가의 투자자의 모든 투자로부터 발생하는 순이윤·배당금·사용료·기술지원 및 기술용역 수수료·이자 및 기타 경상소득

　나. 일방국가의 투자자가 행한 투자의 매각이나 전부 또는 일부 청산에 따른 수익금

　다. 최초자본 및 투자증대에 필요한 보충금액

　라. 투자와 관련된 채무의 변제자금

　마. 타방국가의 영역 안에서의 투자와 관련하여 취업이 허가된 일방국가 국민의 소득

　바. 보상금

　2. 이 협정의 목적상, 환율은 송금일에 적용되는 공식환율에 따라 정해진다.

제 9 조

　1. 타방국가의 영역 안에서의 투자와 관련한 일방국가의 투자자와 타방국가의 정부 간의 어떠한 분쟁도 가능한 한 분쟁 당사자 간의 협의를 통하여 우호적인 방법으로 해결되어야 한다.

　2. 일방국가의 투자자는 타방국가의 영역 안에서의 자신의 투자와 관련하여 동 타방국가의 법령에 따른 법적 구제조치를, 동 타방국가가 자국의 투자자 또는 제3국 투자자의 투자에 대하여 부여하는 것보다 불리하지 아니한 대우를 기초로 하여 이용할 수 있다.

　3. 제5조 제3항에 규정된 보상금액에 관한, 일방국가의 투자자와 타방국가의 정부 또는 동 타방국가의 법령에 따라 보상의무를 가진 그밖의 다른 기

관 간의 분쟁이 일방당사자가 우호적인 해결을 요청한 날로부터 6월 이내에 해결될 수 없는 경우, 그 분쟁은 동 투자자의 요청에 따라 1965년 3월 18일 워싱턴에서 작성된 "국가와 타방국가 국민 간의 투자분쟁의 해결에 관한 협약"(이하 '워싱턴협약'이라 한다)을 참고로 하여 설립되는 조정위원회 또는 중재위원회(이하 '중재위원회'라 한다)에 회부된다.

일방국가의 투자자와 타방국가의 정부 간의 기타 문제에 관한 어떠한 분쟁도 상호 합의에 의하여 위에 규정된 중재위원회에 회부된다. 일방국가의 국민 또는 회사가 타방국가의 영역 안에서 행정적 또는 사법적 해결을 구하고 있는 경우, 그 분쟁은 중재위원회에 회부되지 아니한다.

4. 제3항에 규정된 중재위원회는 3인의 중재위원으로 구성된다. 각 당사자는 일방당사자가 타방당사자로부터 제3항에 규정된 분쟁의 중재를 요청하는 통지를 받은 날로부터 60일 안에 각 1인의 중재위원을 임명하고 그러하게 선정된 2인의 중재위원은 이후 90일 이내에 중재위원장인 제3의 중재위원에 합의하며, 제3의 중재위원은 어느 일방국가의 국민이어서는 아니된다.

5. 제3의 중재위원이 제4항에 규정된 기간 안에 각 당사자에 의하여 임명된 중재위원들 간에 합의되지 못하는 경우, 일방당사자는 양 당사자에 의하여 사전 합의된 제3자에 대하여 양국과 외교관계가 있는 제3국의 국민인 제3의 중재위원을 임명하도록 요청한다.

6. 중재절차는 워싱턴협약을 참고로 하여 중재위원회에 의하여 결정된다.

7. 중재위원회의 결정은 최종적이며 구속력을 가진다. 중재위원회의 결정의 집행은, 그러한 집행이 이루어지는 영역의 소속 국가에서 적용되고 있는 중재결정의 집행에 관한 법령에 따라 행하여진다. 중재위원회는 그 결정의 근거를 밝혀야 하며 일방당사자가 요청하면 이유를 설명하여야 한다.

8. 각 당사자는 자신이 임명한 중재위원과 관련된 비용과 자신의 중재절차 참가에 따른 비용을 부담한다. 중재위원장의 직무수행을 위한 비용과 중

재위원회의 기타 비용은 관련당사자가 균등하게 부담한다.

9. 어떠한 사건이 제3항에 규정된 중재위원회에 회부되는 경우와 회부된 이후에는 그 사안과 관련된 어떠한 청구도 양국 간에 제기되지 아니한다.

10. 이 조의 규정에도 불구하고, 중화인민공화국이 워싱턴협약의 당사국이 되는 경우, 중화인민공화국이 "투자분쟁 해결을 위한 국제본부"(이하 '본부'라 한다)에 대한 유보 통고를 통하여 본부에 회부하지 아니하기로 한 분쟁을 제외한 모든 분쟁은 일방국가의 투자자 또는 타방국가의 정부의 요청에 따라 워싱턴협약에 의하여 설립된 본부에 회부된다.

제 10 조

1. 이 협정의 해석 또는 적용에 관한 체약당사자 간의 분쟁은 가능한 한 협의 또는 교섭을 통하여 해결한다.

2. 분쟁이 3월 이내 그와 같이 해결될 수 없는 경우에는, 일방 체약 당사자의 요청에 따라 중재재판소에 회부된다.

3. 중재재판소는 각각의 개별적 사안에 대하여 아래와 같은 방법으로 구성된다. 각 체약당사자는 중재요청 접수 후 2월 이내에 각 1인의 재판관을 임명한다. 이들 2인의 재판관은 양 체약당사자의 동의를 얻어 중재재판소의 재판장(이하 '재판장'이라 한다)으로 임명되는 제3국의 국민을 선정한다. 재판장은 2인의 재판관이 임명된 날로부터 2월 이내에 임명된다.

4. 제3항에 규정된 기간 내에 필요한 임명이 이루어지지 아니한 경우, 일방 체약당사자는, 달리 합의되지 아니하는 한, 국제사법재판소장에게 제3의 재판관을 임명하도록 요청할 수 있다. 동 재판소장이 일방국가의 국민이거나, 위의 기능을 수행할 수 없는 경우에는 부소장이 필요한 임명을 행한다. 부소장이 일방국가의 국민이거나, 위의 기능을 수행할 수 없는 경우에는 일방국가의 국민이 아닌 국제사법재판소의 차상급 재판관이 임명을 행한다.

5. 중재재판소는 다수결에 의하여 결정을 내린다. 그러한 결정은 최종적이며 구속력을 가진다. 각 체약당사자는 자신이 임명한 재판관과 관련된 비용과 자신의 중재절차 참가에 따른 비용을 부담한다. 재판장의 비용과 기타 비용은 양 체약당사자가 균등하게 부담한다. 중재재판소는 자체의 절차를 결정한다.

제 11 조

이 협정은 일방국가의 투자자가 타방국가의 영역 안에서 행한 아래에 해당하는 투자와 수익에 대해 적용된다.

(1) 대한민국의 투자자에 대하여는 1948년 8월 15일 이후

(2) 중화인민공화국의 투자자에 대하여는 1949년 10월 1일 이후

제 12 조

1. 어떠한 문제가 이 협정 및 양국이 당사자인 여타 국제협정에 의하여 동시에 규율받는 경우, 이 협정의 어떠한 내용도 일방 체약당사자 또는 타방국가의 영역 안에서 투자를 행한 투자자가 자신의 사건에 대하여 보다 유리한 규정을 선택하는 것을 방해하지 아니한다.

2. 일방국가가 자국의 법령 또는 그밖의 다른 특별규정 또는 계약에 따라 타방국가의 투자자에게 부여하는 대우가 이 협정에 의하여 부여되는 대우보다 더 유리한 경우에는, 더 유리한 대우가 부여된다.

제 13 조

일방국가의 투자자가 실질적인 이익을 가지고 있는 제3국의 회사는 타방국가의 영역 안에서, 동 타방국가와 동 제3국의 정부간에 투자 및 투자보호에 관한 국제협정이 없는 경우에는, 아래와 같은 대우를 보장받는다.

(1) 제2조 제2항, 제3조, 제5조 제1항 내지 제4항 및 제6항, 제6조, 제8조 및 제11조에 규정된 사항과 관련하여, 여타 제3국의 투자자가 실질적인 이익을 가지고 있는 제3국의 회사가 동 타방국가의 영역 안에서 받는 대우보다 불리하지 아니한 대우, 그리고

(2) 제2조 제2항, 제3조, 제5조 제1항 내지 제4항 및 제6항, 제6조, 제8조 및 제11조에 규정된 사항과 관련하여, 동 타방국가의 투자자가 실질적인 이익을 가지고 있는 제3국의 회사가 동 타방국가의 영역 안에서 받는 대우보다 불리하지 아니한 대우

제 14 조

1. 이 협정의 이행을 촉진하기 위하여 양 체약당사자는 양 체약당사자의 대표로 구성되는 공동위원회를 설치하는 것에 합의한다.

2. 공동위원회의 기능은 특히 다음의 것을 포함한다.

가. 이 협정 이행 및 양국 간의 투자에 관련된 사항의 검토

나. 외국투자의 유치에 관한 일방 또는 양국의 법률제도 또는 정책의 발전과 관련하여 이 협정의 운영 및 운영에 관련된 사항에 대한 협의

다. 양국의 정부에 대한 적절한 권고

3. 공동위원회는 일방 체약당사자의 요청에 따라 서울과 북경에서 교대로 개최된다.

제 15 조

1992년 5월 2일 서명된 "대한무역진흥공사와 중국국제상회 간 투자의 증진과 상호보호에 관한 협정"은 이 협정의 발효와 동시에 종료한다.

제 16 조

1. 이 협정은 서명 후 각 체약당사자가 국내 법적절차가 완료되었다는 통고를 교환한 날부터 30일째 되는 날에 발효하며, 5년간 유효하다. 일방 체약당사자가 타방 체약당사자에게 최소한 이 협정의 종료 1년 전에 협정종료 의사를 서면으로 통보하지 아니하는 한, 이 협정은 자동적으로 1년간 연장된다.

2. 이 협정의 종료일 이전에 취득된 투자 및 수익에 관하여는, 이 협정 제1조 내지 제4조의 규정은 이 협정의 종료일부터 15년간 계속 유효하다.

3. 이 협정은 체약당사자의 상호 합의에 의하여 개정된다.

이상의 증거로, 정당하게 권한을 위임받은 하기 서명자는 이 협정에 서명하였다.

1992년 9월 30일 북경에서 동등하게 정본인 한국어, 중국어 및 영어로 각 2부씩 작성하였다. 해석상의 상위가 있을 경우에는 영어본이 우선한다.

대한민국 정부를 위하여

중화인민공화국 정부를 위하여

의 정 서

대한민국 정부와 중화인민공화국 정부 간의 투자의 증진과 상호보호에 관해 협정한 협정(이하 '협정'이라 한다)을 서명함에 있어, 하기 서명자는 이 협정의 불가분의 일부를 구성하는 다음의 규정에 합의하였다.

1. 이 협정의 어떠한 규정도 1883년 3월 20일 파리에서 작성된 "산업재산

권의 보호에 관한 국제협약" 또는 그 후의 동 협약의 개정된 규정, 또는 일방국가가 당사자이거나 당사자가 될 기존 또는 향후의 국제협정상의 지적소유권과 관련된 어떠한 권리나 의무에 영향을 미치는 것으로 해석되지 아니한다.

2. 이 협정의 제3조 제2항 및 제13조 (2)의 규정에 목적상, 일방국가 정부가, 공공목적·국가안보 또는 국가경제의 건전한 발전을 위하여 필요 불가결한 경우 타방국가의 투자자에게 자국의 관계법령에 따라 차별대우를 부여하는 것은 "불리한 대우"로 보지 아니하며, 공공목적·국가안보 또는 국가경제의 건전한 발전을 이유로 취해진 그러한 차별대우가 특정적으로 타방국가의 투자자 또는 타방국가의 투자자가 지분을 소유한 합작회사를 목표로 하여서는 아니된다.

3. 이 협정의 제3조 제2항의 규정은 일방국가의 정부가 자국의 영역 안에서 외국투자자의 활동에 관하여 특별한 절차를 제공하는 것을 방해하지 아니하나, 그러한 절차는 전항에 규정된 권리의 본질을 해치지 아니한다는 점이 보장된다.

4. 제5조 제4항에 대하여

가. 각 체약당사자는 어떠한 제3국의 투자자에게 부여하는 것보다 불리하지 아니한 대우를 타방국가의 투자자에게 부여한다.

나. 각 체약당사자는, 자국의 투자자에게 부여하는 것보다 불리하지 아니하게 타방국가의 투자자에게 부여하는 대우에 대하여, 시행되고 있는 자국의 법률에 따라 제한적인 예외조치를 취하거나 또는 유지할 권리를 유보한다.

5. 이 협정 제8조 제2항의 규정은 일방국가가 국제통화기금 규정의 체약국으로서 가지고 있는 또는 가질 수 있는 외환제한과 관련한 권리와 의무에 영향을 미치지 아니한다.

6. 제8조의 규정의 목적상, "지체없이"란 송금이 송금절차의 완료에 통상
   적으로 소요되는 기간 내에 이루어져야 함을 말한다. 그러한 기간은 관
   련 송금신청이 있는 날부터 시작하여 제8조에 규정된 송금에 대하여는
   6월을 초과하지 아니한다.
7. 이 협정 제13조의 규정에서 사용된 "실질적인 이익"이란 회사를 통제
   하거나 회사에 대한 결정적인 영향력 행사를 가능하게 하는 정도의 이익
   을 말한다.

이상의 증거로서, 정당하게 권한을 위임받는 하기 서명자는 이 의정서에
서명하였다.

1992년 9월 30일 북경에서 동등하게 정본인 한국어·중국어 및 영어로 각
2부씩 작성하였다. 해석상의 상위가 있을 경우에는 영어본이 우선한다.

대한민국 정부를 위하여

중화인민공화국 정부를 위하여

〈부록 Ⅱ〉

중국 성별 주요경제지표

지 역	연말인구 (만명)	전년대비 증가율 (%)	면 적 (㎢)	인구 밀 도 (인/㎢)	GNP (억元)	전년비 증가율 (%)	1인당 GNP (元)
北 京	1.102	3.1	16,808	656	709.0	11.6	6,434
天 津	920	6.5	11,305	814	411.2	11.7	4,470
河 北	6.275	8.9	187,700	334	1.156.1	13.9	1,842
山 西	2,979	12.7	156,266	191	518.2	12.8	1,740
內蒙古	2,207	10.3	1,183,000	19	378.4	11.0	1,715
遼 寧	4,016	6.5	145,900	275	1,297.7	11.7	3,231
吉 林	2,532	9.2	187,400	135	514.8	13.0	2,033
黑龍江	3,608	10.1	453,900	79	855.9	6.6	2,372
上 海	1,345	0.5	6,341	2,121	1,065.9	14.9	7,925
江 蘇	6,911	9.0	102,600	674	1,977.9	26.5	2,862
浙 江	4,236	8.2	101,800	416	1,220.7	18.9	2,882
安 徽	5,834	12.6	139,000	420	724.9	17.4	1,243
福 建	3,116	12.2	123,800	252	705.2	20.4	2,263
江 西	3,913	12.5	166,900	234	558.0	15.4	1,426
山 東	8,610	4.6	156,700	549	1,980.0	19.5	2,300
河 南	8,861	11.1	167,000	531	1,213.2	13.7	1,369
湖 北	5,580	12.2	185,900	300	1,003.6	12.1	1,799
湖 南	6,267	9.4	211,829	296	920.1	12.3	1,468
廣 東	6,525	13.1	212,000	308	2.293.5	22.0	3,515
廣 西	4,380	12.9	236,661	185	572.3	18.3	1,307
海 南	686	15.2	33,920	202	141.7	23.3	2,066
四 川	10,998	9.2	570,000	193	1,492.4	12.9	1,357
貴 州	3,361	13.9	176,128	191	331.7	9.2	987
雲 南	3,832	13.0	394,000	97	510.0	10.9	1,331
西 藏	228	15.5	1,200,000	2	33.3	7.1	1,461
陝 西	3,405	12.3	205,603	166	494.5	8.7	1,452
甘 肅	2,314	12.7	453,694	51	301.9	9.7	1,305
靑 海	461	14.4	721,200	6	84.3	7.4	1,829
寧 夏	487	14.8	66,400	73	78.6	7.5	1,614
新 疆	1,581	15.0	1,660,000	10	382.3	13.1	2,418
全 國	117,171	11.3	9,633,755	122	24,036.2	13.0	2.051

－자료원 : 중국통계연감 1993(국가통계국)

국민수입 (억元)	1인당 수입 (元)	산업별 생산액		식량 생산 (만톤)	원탄 생산 (백만톤)	원유 생산 (만톤)	철강생산량	
		농업 생산액 (元)	공업 생산액 (억元)				조강 생산 (만톤)	강재 생산 (만톤)
507.2	4.603	84.5	1,085.8	282	10		575.0	438.3
344.3	3,742	62.2	997.9	199		491.8	183.5	249.0
949.8	1,514	419,8	1,733.6	2,186	63	418.8	503.0	409.3
406.1	1,363	131.4	744.1	858	297		279.4	149.9
306.5	1,389	180.3	361.7	1,049	50	100.1	309.0	211.0
1,060.7	2,641	340.8	2,337.9	1.568	54	1,387.8	1,349.9	1.082.9
434.5	1,716	204.3	767.8	1,840	25	344.1	104.0	86.7
702.7	1,948	285.2	1,103.1	2,366	84	5,565.8	117.3	107.1
881.0	6,550	80.0	2,429.3	227			1,234.2	918.1
1,697.0	2,456	673.5	4,673.6	3,298	25	91.6	270.8	387.5
1,071.1	2,529	404.8	2,498.2	1,554	1		120.9	119.4
665.4	1,141	390.1	995.8	2,326	34	4.0	261.3	221.7
590.0	1,893	300.7	915.5	897	9		61.9	63.5
465.9	1,191	298.4	646.2	1,566	21		133.1	109.8
1,685.6	1,958	840.7	3,553.7	3,589	64	3.346.1	281.2	203.7
1,017.3	1,148	573.7	1,628.6	3,110	90	810.1	212.9	179.3
823.3	1,475	435.4	1,373.7	2,427	9	76.5	679.3	594.6
767.4	1,225	471.2	1,006.8	2,620	36		182.1	157.6
1,793.6	2,749	737.1	3,479.4	1,774	10	285.7	147.7	168.6
483.8	1,105	333.1	582.8	1,419	11	3.2	68.6	63.7
111.1	1,620	87.2	75.7	193			0.4	1.1
1,263.9	1,149	744.8	1,849.8	4,290	71	14.0	609.4	438.7
270.5	805	176.7	302.3	789	42		64.2	48.8
446.7	1,166	250.4	477.1	1,070	24	12.4	103.0	97.2
28.2	1,237	22.5	3.9	66				
398.9	1,172	205.3	599.5	1,032	34	101.7	57.9	44.1
265.8	1,149	122.7	367.1	675	15	198.1	93.4	64.5
62.4	1,354	27.3	68.2	119	3	105.5	38.2	34.2
60.4	1,240	28.4	89.4	187	14	20.8	4.7	6.0
292.1	1,848	172.4	317.2	694	22	831.7	47.5	40.3
19,845.0	1.694	9,084.7	37,065.7	44,266	1,116	14,209.7	8,093.6	6,696.7

〈부록 Ⅲ〉 중국 장거리전화 지역번호

도 시 명	번 호	도 시 명	번 호	도 시 명	번 호	도 시 명	번 호	도 시 명	번 호	도 시 명	번 호
北京市		获 鹿	0311	新 城	03235	新 河	03277	东 光	03437	高 平	03644
北 京	01	保 定	0312	谷 城	03236	南 宫	03278	吴 桥	03438	阳 城	03645
通 县	01	张 家 口	0313	雄 县	03237	清 河	03279	泊 头	03439	沁 水	03646
门 头 沟	01	承 德	0314	安 新	03238	武 安	03280	怀 安	03440	陵 川	03647
昌 平	01	唐 山	0315	涞 源	03240	威 县	03281	万 全	03441	侯 马	03651
大 兴	01	廊 坊	0316	蠡 县	03241	广 宗	03282	张 北	03442	襄 垣	03653
房 山	01	沧 州	0317	博 野	03242	平 乡	03283	赤 城	03445	潞 城	03659
平 谷	01	青 县	0317	安 国	03243	南 和	03284	怀 来	03446	灵 石	03660
密 云	01	衡 水	0318	定 州	03244	任 县	03285	涿 鹿	03447	榆 社	03664
顺 义	01	邢 台	0319	曲 阳	03245	沙 河	03286	蔚 县	03448	寿 阳	03665
怀 柔	01	隆 化	03201	唐 县	03246	磁 县	03288	阳 原	03449	太 谷	03666
延 庆	01	围 场	03202	望 都	03247	涉 县	03289	康 保	03452	祁 县	03667
上海市		平 泉	03203	完 县	03248	成 安	03290	宣 化	03453	平 遥	03668
上 海	021	宽 城	03204	永 清	03251	永 年	03291	山西省		介 休	03669
金 山	021	丰 宁	03205	霸 县	03252	鸡 泽	03292	忻 州	0350	洪 洞	03674
青 浦	021	兴 隆	03206	大 城	03253	曲 周	03293	太 原	0351	霍 州	03675
川 沙	021	滦 平	03207	文 安	03254	邱 县	03294	大 同	0352	蒲 县	03677
崇 明	021	青 龙	03209	固 安	03255	大 名	03296	阳 泉	0353	繁 峙	03680
上 海 县	021	元 氏	03210	香 河	03256	魏 县	03297	榆 次	0354	乡 宁	03681
嘉 定	021	新 乐	03212	大 厂	03257	肥 乡	03299	长 治	0355	永 济	03686
奉 贤	021	无 极	03213	三 河	03258	秦 皇 岛	0335	晋 城	0356	芮 城	03687
南 汇	021	深 泽	03214	武 强	03261	玉 田	03410	临 汾	0357	原 平	03688
松 江	021	辛 集	03215	武 邑	03262	遵 化	03411	离 石	0358	垣 曲	03690
天津市		晋 县	03216	阜 城	03263	滦 县	03412	运 城	0359	临 猗	03692
汉 沽	022	藁 城	03217	景 县	03264	乐 亭	03416	汾 阳	03602	河 津	03695
蓟 县	022	栾 城	03218	故 城	03265	丰 润	03419	交 城	03604	新 绛	03696
武 清	022	赵 县	03219	枣 强	03266	迁 西	03422	孝 义	03605	闻 喜	03697
宝 坻	022	赞 皇	03221	冀 县	03267	迁 安	03423	阳 曲	03613	绛 县	03699
塘 沽	022	高 邑	03222	深 县	03268	河 间	03424	清 徐	03615	河南省	
天 津	022	井 陉	03224	安 平	03269	肃 宁	03425	古 交	03616	泌 阳	03010
静 海	022	平 山	03225	临 西	03270	任 丘	03426	朔 州	03618	驻 马 店	03011
宁 河	022	灵 寿	03226	内 丘	03271	献 县	03430	天 镇	03621	遂 平	03012
大 港	022	行 唐	03227	临 城	03272	黄 骅	03432	怀 仁	03622	汝 南	03013
河北省		涞 水	03231	柏 乡	03273	海 兴	03433	浑 源	03625	确 山	03014
邯 郸	0310	徐 水	03232	宁 晋	03274	盐 山	03434	左 云	03629	商 丘	0370
石 家 庄	0311	定 兴	03233	隆 尧	03275	孟 村	03435	五 台 山	03633	上 街	0371
正 定	0311	涿 州	03234	巨 鹿	03276	南 皮	03436	宁 武	03637	郑 州	0371

도시명	번호	도시명	번호	도시명	번호	도시명	번호	도시명	번호	도시명	번호
安 阳	0372	舞 阳	03839	三 门 峡	03891	本 溪 县	04241	敦 化	04435	肇 东	04616
新 乡	0373	郾 城	03840	孟 津	03892	桓 仁	04242	图 们	04436	鸡 西	04617
许 昌	0374	长 葛	03842	偃 师	03893	宽 甸	04252	珲 春	04437	鹤 岗	04618
平 顶 山	0375	鄢 陵	03843	伊 川	03894	岫 岩	04254	龙 井	04438	双 鸭 山	04619
信 阳	0376	郑 县	03844	宜 阳	03895	锦 西	04261	公 主 岭	04441	依 安	04623
南 阳	0377	叶 县	03846	新 安	03896	兴 城	04262	双 辽	04442	杜 尔 伯 特	04627
开 封	0378	鲁 山	03847	栾 川	03899	绥 中	04263	伊 通	04444	富 裕	04629
洛 阳	0379	宝 丰	03848	焦 作	0391	北 票	04265	梨 树	04445	鸡 东	04631
西 峡	03800	汝 州	03849	**辽宁省**		北 镇	04266	梅 河 口	04453	密 山	04632
虞 城	03801	鹿 邑	03850	沈 阳	024	黑 山	04267	集 安	04454	穆 棱	04634
永 城	03803	周 口	03851	新 民	024	盘 锦	04271	柳 河	04455	海 林	04636
柘 城	03804	郸 城	03854	铁 岭	0410	大 洼	04271	辉 南	04456	绥 芬 河	04638
宁 陵	03805	沈 丘	03855	庄 河	0411	朝 阳	04284	靖 宇	04457	七 台 河	04640
睢 县	03806	项 城	03856	大 连	0411	**吉林省**		长 白	04458	汤 原	04643
民 权	03807	扶 沟	03857	金 县	0411	长 春	0431	抚 松	04459	庆 安	04651
汲 县	03808	新 郑	03860	瓦 房 店	0411	吉 林	0432	洮 南	04461	海 伦	04652
浚 县	03808	罗 山	03861	新 金 县	0411	延 吉	0433	镇 赉	04462	安 达	04653
鹤 壁	03812	潢 川	03863	长 海	0411	四 平	0434	通 榆	04464	绥 棱	04656
漯 河	03813	光 山	03864	鞍 山	0412	通 化	0435	大 安	04465	青 冈	04659
武 陟	03814	登 封	03869	抚 顺	0413	白 城	0436	长 岭	04467	北 安	04661
温 县	03815	淅 川	03870	本 溪	0414	辽 源	0437	乾 安	04468	德 都	04664
沁 阳	03818	社 旗	03872	凤 城	0415	前 郭 尔	0438	东 丰	04471	嫩 江	04665
济 源	03819	唐 河	03873	东 沟	0415	扶 余	0438	**黑龙江省**		呼 兰	04667
密 县	03820	新 野	03874	丹 东	0415	浑 江	0439	阿 城	0450	富 锦	04668
汤 阴	03821	邓 州	03875	锦 州	0416	双 阳	04411	哈 尔 滨	0451	克 东	04669
林 县	03822	镇 平	03876	锦 县	0416	德 惠	04412	齐 齐 哈 尔	0452	宾 县	04674
内 黄	03823	南 召	03877	营 口	0417	农 安	04413	牡 丹 江	0453	五 常	04676
南 乐	03827	桐 柏	03878	营 口 县	0417	九 台	04414	佳 木 斯	0454	巴 彦	04677
清 丰	03828	兰 考	03881	盖 县	0417	榆 树	04415	绥 化	0455	嘉 荫	04681
濮 阳	03829	杞 县	03882	阜 新	0418	永 吉	04421	黑 河	0456	铁 力	04682
荥 阳	03830	通 许	03883	辽 阳	0419	磐 石	04422	加 格 达 奇	0457	**内蒙古**	
卫 辉	03831	尉 氏	03884	昌 图	04201	桦 甸	04423	伊 春	0458	海 拉 尔	0470
延 津	03832	中 牟	03885	开 原	04202	蛟 河	04424	大 庆	0459	呼 和 浩 特	0471
原 阳	03833	渑 池	03886	西 丰	04205	舒 兰	04425	通 河	04611	包 头	0472
获 嘉	03834	义 马	03887	海 城	04221	汪 清	04432	尚 志	04613	乌 海	0473
辉 县	03837	灵 宝	03888	清 原	04231	和 龙	04433	延 寿	04614	集 宁	0474
临 颍	03838	巩 县	03889	新 宾	04232	安 图	04434	双 城	04615	通 辽	0475

도 시 명	번 호	도 시 명	번 호	도 시 명	번 호	도 시 명	번 호	도 시 명	번 호	도 시 명	번 호
赤 峰	0476	通 州	0513	东 台	05251	泰 安	0538	乳 山	05454	沂 源	05492
东 胜	0477	如 东	0513	大 丰	05252	临 沂	0539	掖 县	05455	沂 水	05493
临 河	0478	南 通	0513	射 阳	05253	日 照	05400	龙 口	05456	沂 南	05494
锡林浩特	0479	如 皋	0513	滨 海	05254	长 清	05410	蓬 莱	05457	莒 县	05495
牙 克 石	04801	邗 江	0514	响 水	05255	聊 城	05411	栖 霞	05458	莒 南	05496
扎 兰 屯	04802	扬 州	0514	阜 宁	05256	临 清	05412	牟 平	05459	临 沭	05497
额尔左旗	04807	盐 城	0515	建 湖	05257	高 唐	05413	寿 光	05460	郯 城	05498
额尔右旗	04808	铜 山	0516	睢 宁	05261	冠 县	05413	东 营	05461	费 县	05499
莫力达瓦旗	04810	徐 州	0516	邳 县	05262	茌 平	05414	垦 利	05462	威 海	0896
满 州 里	04812	淮 安	0517	新 沂	05263	东 阿	05415	昌 邑	05463	**安徽省**	
二连浩特	04813	淮 阴	0517	沛 县	05264	阳 谷	05416	高 密	05464	滁 州	0550
乌兰浩特	04814	淮阴县	0517	丰 县	05265	莘 县	05417	诸 城	05465	合 肥	0551
固 阳	04823	连 云 港	0518	涟 水	05272	章 丘	05419	五 莲	05466	肥 西	0551
土默特右旗	04824	武 进	0519	沭 阳	05273	夏 津	05420	安 丘	05467	蚌 埠	0552
阿拉善左旗	04831	常 州	0519	宿 迁	05274	胶 南	05421	临 朐	05468	芜 湖	0553
丰 镇	04841	丹 阳	05211	泗 阳	05275	胶 州	05422	青 州	05469	芜湖县	0553
商 都	04843	扬 中	05212	泗 洪	05276	平 度	05423	梁 山	05470	淮 南	0554
察右前旗	04845	金 坛	05214	盱 眙	05277	莱 西	05424	枣 庄	05471	凤 台	0554
察右后旗	04847	溧 阳	05215	金 湖	05278	即 墨	05425	滕 州	05472	马 鞍 山	0555
凉 城	04848	江 阴	05217	洪 泽	05279	招 远	05426	曲 阜	05473	安 庆	0556
清 水 河	04849	宜 兴	05218	灌 云	05281	莱 阳	05427	兖 州	05474	宿 县	0557
宁 城	04862	常 熟	05221	灌 南	05282	海 阳	05428	邹 县	05475	阜 阳	0558
翁牛特旗	04865	张 家 港	05222	赣 榆	05283	滨 州	05431	微 山	05476	黄 山	0559
巴林左旗	04866	吴 江	05223	东 海	05284	博 兴	05432	金 乡	05478	天 长	05601
达拉特旗	04871	昆 山	05224	仪 征	05291	邹 平	05434	嘉 祥	05479	来 安	05603
鄂托克旗	04876	太 仓	05225	高 淳	05295	惠 民	05435	苍 山	05480	定 远	05604
江苏省		海 门	05231	溧 水	05296	无 棣	05436	莱 芜	05481	嘉 山	05605
江 宁	025	启 东	05232	句 容	05297	阳 信	05438	新 泰	05482	淮 北	05611
六 合	025	海 安	05235	**山东省**		广 饶	05439	泗 水	05483	濉 溪	05611
江 浦	025	泰 州	05241	菏 泽	0530	齐 河	05440	宁 阳	05484	铜 陵	05612
南 京	025	靖 江	05242	济 南	0531	平 原	05442	东 平	05485	长 丰	05615
无 锡	0510	泰 县	05243	青 岛	0532	乐 陵	05445	汶 上	05486	舒 城	05616
无 锡 县	0510	江 都	05244	淄 博	0533	济 阳	05448	肥 城	05487	凤 阳	05622
丹 徒	0511	兴 化	05245	德 州	0534	禹 城	05449	平 阴	05488	青 阳	05630
镇 江	0511	宝 应	05246	烟 台	0535	长 岛	05450	昌 乐	05489	宣 城	05631
苏 州	0512	高 邮	05247	潍 坊	0536	荣 成	05452	平 邑	05490	南 陵	05636
吴 县	0512	泰 兴	05248	济 宁	0537	文 登	05453	蒙 阴	05491	宁 国	05639

도시명	번호	도시명	번호	도시명	번호	도시명	번호	도시명	번호	도시명	번호
六 安	05645	临 海	0576	普 陀	05859	霞 浦	05034	清 流	05085	沙 市	0716
寿 县	05646	瓯 海	0577	椒 江	05860	罗 源	05035	宁 化	05086	宜 昌	0717
巢 湖	05655	温 州	0577	三 门	05861	连 江	05036	明 溪	05087	恩 施	0718
无 为	05656	丽 水	0578	黄 岩	05862	古 田	05037	建 宁	05088	十 堰	0719
和 县	05658	金 华	0579	温 岭	05863	屏 南	05038	泰 宁	05089	枣 阳	07201
含 山	05659	金 华 县	0579	玉 环	05864	周 宁	05039	浦 城	05091	随 州	07202
太 湖	05660	江 山	05801	仙 居	05865	长 乐	05041	松 溪	05092	宜 城	07203
贵 池	05661	常 山	05802	天 台	05866	福 清	05042	政 和	05093	南 漳	07204
枞 阳	05663	开 化	05803	永 嘉	05871	平 潭	05043	建 瓯	05094	保 康	07205
望 江	05665	龙 游	05804	乐 清	05872	仙 游	05044	顺 昌	05095	谷 城	07206
潜 山	05668	余 杭	05811	洞 头	05873	永 泰	05045	邵 武	05096	老 河 口	07207
宿 松	05669	萧 山	05812	瑞 安	05874	闽 清	05046	光 泽	05097	武 昌	07211
固 镇	05672	富 阳	05813	平 阳	05875	惠 安	05051	武 夷 山	05098	汉 阳	07212
砀 山	05676	桐 庐	05814	苍 南	05876	南 安	05053	建 阳	0590	洪 湖	07213
亳 州	05681	建 德	05815	泰 顺	05877	安 溪	05054	福 州	0591	仙 桃	07214
阜 南	05682	淳 安	05816	文 成	05878	永 春	05055	厦 门	0592	黄 陂	07215
蒙 城	05683	临 安	05817	缙 云	05881	德 化	05056	同 安	0592	大 悟	07221
涡 阳	05684	德 清	05821	青 田	05882	长 泰	05061	宁 德	0593	汉 川	07222
界 首	05686	安 吉	05822	云 和	05883	龙 海	05062	莆 田	0594	应 城	07223
颍 上	05687	长 兴	05823	庆 元	05884	漳 浦	05063	莆 田 县	0594	云 梦	07224
太 和	05688	嘉 善	05831	龙 泉	05885	东 山	05064	泉 州	0595	安 陆	07225
临 泉	05689	平 湖	05832	遂 昌	05886	云 霄	05065	石 狮	0595	广 水	07226
歙 县	05691	海 盐	05833	松 阳	05887	诏 安	05066	晋 江	0595	新 洲	07231
祁 门	05693	海 宁	05834	景 宁	05888	平 和	05067	漳 州	0596	麻 城	07232
太 平	05695	桐 乡	05835	浦 江	05891	南 靖	05068	龙 岩	0597	红 安	07233
旌 德	05696	象 山	05841	义 乌	05892	华 安	05069	三 明	0598	浠 水	07234
浙江省		宁 海	05842	东 阳	05893	漳 平	05071	南 平	0599	罗 田	07235
衢 州	0570	奉 化	05843	永 康	05894	永 定	05072	**湖北省**		英 山	07236
衢 县	0570	余 姚	05844	武 义	05895	上 杭	05073	武 汉	027.	蕲 春	07237
杭 州	0571	慈 溪	05845	兰 溪	05896	武 平	05074	襄 樊	0710	黄 梅	07238
湖 州	0572	上 虞	05851	磐 安	05897	长 汀	05075	襄 阳	0710	武 穴	07239
嘉 兴	0573	嵊 县	05852	**福建省**		连 城	05076	鄂 州	0711	大 冶	07241
宁 波	0574	新 昌	05853	闽 侯	05011	将 乐	05080	孝 感	0712	阳 新	07251
鄞 县	0574	诸 暨	05854	寿 宁	05030	沙 县	05081	黄 冈	0713	通 山	07252
镇 海	0574	舟 山	05856	福 安	05031	尤 溪	05082	黄 石	0714	崇 阳	07253
绍 兴	0575	岱 山	05857	柘 荣	05032	大 田	05083	咸 宁	0715	通 城	07254
绍 兴 县	0575	嵊 泗	05858	福 鼎	05033	永 安	05084	江 陵	0716	蒲 沂	07255

도시명	번호	도시명	번호	도시명	번호	도시명	번호	도시명	번호	도시명	번호
嘉 鱼	07256	望 城	0731	桂 东	07452	增 城	020	龙 门	07629	德 庆	07668
天 门	07261	宁 乡	0731	汝 城	07453	番 禺	020	连 山	07630	封 开	07669
潜 江	07262	湘 潭	0732	临 武	07454	江 门	0750	阳 山	07631	徐 闻	07670
监 利	07263	湘 乡	0732	嘉 禾	07455	韶 关	0751	蕉 岭	07632	遂 溪	07671
石 首	07264	韶 山	0732	安 仁	07456	曲 江	0751	大 埔	07633	廉 江	07672
公 安	07265	株洲县	0733	桂 阳	07457	惠 州	0752	丰 顺	07634	化 州	07673
松 滋	07266	衡 阳	0734	永 兴	07458	惠 阳	0752	五 华	07635	高 州	07674
荆 门	07267	郴 州	0735	宜 章	07459	梅 州	0753	兴 宁	07636	信 宜	07675
钟 祥	07268	常 德	0736	石 门	07462	汕 头	0754	平 远	07637	阳 春	07676
京 山	07269	汉 寿	0736	沣 县	07463	澄 海	0754	连 南	07638	阳 江	07677
宜昌县	07271	益 阳	0737	津 市	07464	深 圳	0755	连 县	07639	阳 西	07677
远 安	07272	桃 江	0737	安 乡	07465	斗 门	0756	揭 阳	07640	电 白	07678
当 阳	07273	沅 江	0737	临 澧	07466	珠 海	0756	饶 平	07642	吴 川	07679
枝 江	07274	娄 底	0738	安 化	07472	南 海	0757	南 澳	07643	鹤 山	07680
枝 城	07275	邵 阳	0739	南 县	07473	佛 山	0757	潮 阳	07644	潮 州	07681
长 阳	07276	邵 东	0739	冷水江	07477	高 要	0758	惠 来	07645	茂 名	07683
五 峰	07277	邵阳县	0739	新 化	07478	肇 庆	0758	汕 尾	07647	**海南省**	
秭 归	07278	新 邵	0739	涟 源	07479	湛 江	0759	海 丰	07647	通 什	08001
兴 山	07279	湘 阴	07400	凤 凰	07480	海 康	07600	陆 河	07647	东 方	08003
建 始	07281	永 州	07401	吉 首	07481	乳 源	07610	陆 丰	07647	昌 江	08005
巴 东	07282	怀 化	07402	桑 植	07482	乐 昌	07611	揭 西	07648	定 安	08093
鹤 峰	07283	华 容	07407	大 庸	07483	仁 化	07612	普 宁	07649	文 昌	08094
宣 恩	07284	平 江	07408	龙 山	07484	始 兴	07613	高 明	07650	琼 海	08096
来 凤	07285	汨 罗	07409	永 顺	07485	翁 源	07614	三 水	07652	万 宁	08097
咸 丰	07286	冷水滩	07410	花 垣	07487	佛 冈	07615	顺 德	07653	儋 县	0890
利 川	07287	浏 阳	07411	古 丈	07488	英 德	07616	中 山	07654	海 口	0898
郧 县	07291	新 田	07413	泸 溪	07489	清 远	07617	新 会	07656	三 亚	0899
丹江口	07292	宁 远	07414	慈 利	07491	南 雄	07618	台 山	07657	**广西自治区**	
房 县	07293	江 华	07416	新 宁	07492	新 丰	07619	开 平	07658	南 宁	0771
神农架	07294	江 永	07417	绥 宁	07494	东 莞	0769	恩 平	07659	柳 州	0772
竹 山	07295	道 县	07418	武 岗	07495	博 罗	07622	怀 集	07660	桂 林	0773
竹 溪	07296	芷 江	07420	洞 口	07496	河 源	07623	广 宁	07662	梧 州	0774
郧 西	07297	通 道	07423	隆 回	07497	连 平	07624	四 会	07663	玉 林	0775
湖南省		新 晃	07426	**广东省**		和 平	07625	新 兴	07664	百 色	0776
岳 阳	0730	洪 江	07429	广 州	020	龙 川	07626	云 浮	07665	钦 州	0777
长 沙	0731	醴 陵	07435	花 县	020	紫 金	07627	罗 定	07666	河 池	0778
长沙县	0731	资 兴	07451	从 化	020	惠 东	07628	郁 南	07667	北 海	0779

도 시 명	번 호	도 시 명	번 호	도 시 명	번 호	도 시 명	번 호	도 시 명	번 호	도 시 명	번 호
宜 山	07801	合 浦	07892	清 江	07052	吉 安 县	0796	什 邡	08234	内 江	0832
南 丹	07804	防 城	07895	奉 新	07053	赣 州	0797	彭 县	08235	乐 山	0833
东 兰	07805	江西省		靖 安	07055	赣 县	0797	都 江 堰	08236	西 昌	0834
天 峨	07807	新 干	07005	高 安	07056	景 德 镇	0798	崇 庆	08237	雅 安	0835
上 林	07810	宁 冈	07006	丰 城	07058	萍 乡	0799	大 邑	08238	康 定	0836
武 鸣	07811	南 昌 县	07011	铜 鼓	07059	四川省		邛 崃	08239	马 尔 康	0837
宾 阳	07813	新 建	07012	井 岗 山	07060	成 都	028	绵 竹	08242	德 阳	0838
凭 祥	07815	进 贤	07013	吉 水	07061	涪 陵	0810	安 县	08243	广 元	0839
鹿 寨	07820	安 义	07014	安 福	07063	重 庆	0811	江 油	08244	长 宁	08401
大 新	07821	修 水	07020	永 新	07064	攀 枝 花	0812	梓 潼	08245	富 顺	08402
扶 绥	07824	湖 口	07022	永 丰	07067	自 贡	0813	剑 阁	08246	古 蔺	08403
融 水	07832	星 子	07023	峡 江	07068	永 川	0814	旺 苍	08248	珙 县	08404
阳 朔	07841	瑞 昌	07024	于 都	07072	温 江	0815	青 川	08249	高 县	08405
兴 安	07842	德 安	07025	兴 国	07073	绵 阳	0816	西 充	08250	合 江	08406
全 州	07843	彭 泽	07026	宁 都	07074	南 充	0817	遂 宁	08252	筠 连	08408
临 桂	07845	永 修	07028	石 城	07076	达 县	0818	三 台	08253	江 安	08409
荔 浦	07846	余 江	07032	瑞 金	07077	万 县 市	0819	中 江	08254	简 阳	08410
永 福	07848	鹰 潭	07032	大 余	07079	万 县	0819	蓬 溪	08255	纳 溪	08412
龙 胜	07851	贵 溪	07032	上 犹	07081	金 堂	08201	射 洪	08256	南 溪	08413
田 东	07862	乐 平	07033	崇 义	07082	双 流	08202	盐 亭	08257	屏 山	08414
平 果	07863	婺 源	07034	龙 南	07084	荣 县	08209	华 蓥	08260	叙 永	08415
德 保	07864	铅 山	07035	全 南	07086	綦 江	08212	阆 中	08262	兴 文	08416
隆 林	07867	德 兴	07036	安 远	07087	长 寿	08213	苍 溪	08263	资 中	08418
贺 县	07871	弋 阳	07038	寻 乌	07088	北 碚	08215	营 山	08264	资 阳	08419
苍 梧	07872	玉 山	07039	南 康	07089	南 桐	08216	开 县	08282	威 远	08421
藤 县	07873	资 溪	07040	万 年	07092	双 桥	08217	梁 平	08283	隆 昌	08422
岑 溪	07874	广 昌	07041	横 峰	07096	新 津	08220	忠 县	08284	乐 至	08424
昭 平	07875	东 乡	07042	新 余	0790	江 津	08221	云 阳	08285	眉 山	08425
钟 山	07876	金 溪	07043	分 宜	0790	合 川	08222	奉 节	08286	峨 眉	08426
富 川	07877	崇 仁	07044	南 昌	0791	潼 南	08223	巫 山	08287	仁 寿	08427
蒙 山	07878	宜 黄	07045	庐 山	0792	铜 梁	08224	南 川	08291	井 研	08428
桂 平	07882	乐 安	07046	九 江	0792	荣 昌	08226	丰 都	08292	洪 雅	08429
平 南	07883	南 城	07047	上 饶 县	0793	大 竹	08227	武 隆	08297	沐 川	08431
北 流	07885	南 丰	07048	上 饶	0793	蒲 江	08230	黔 江	08299	彭 山	08432
陆 川	07886	黎 川	07049	临 川	0794	郫 县	08231	泸 州	0830	青 神	08433
博 白	07887	宜 丰	07050	宜 春	0795	新 都	08232	宜 宾 县	0831	丹 棱	08434
贵 港	07888	上 高	07051	吉 安	0796	广 汉	08233	宜 宾	0831	夹 江	08438

도시명	번호	도시명	번호	도시명	번호	도시명	번호	도시명	번호	도시명	번호
贵州省		墨 江	08801	腾 冲	08881	富 平	09234	积 石 山	09407	吴 忠	0953
贵 阳	0851	新 平	08802	龙 陵	08882	澄 城	09235	甘 南 州	09411	固 原	0954
遵 义	0852	临 沧	08805	施 甸	08884	蓝 田	09236	夏 河	09412	贺 兰	09611
安 顺	0853	沧 源	08806	潞 西	08885	临 潼	09237	陇 西	09421	永 宁	09612
都 匀	0854	双 江	08809	中 甸	08895	韩 城	09238	白 银	09430	石 咀山区	09622
凯 里	0855	寻 甸	08810	六 库	08897	蒲 城	09239	静 宁	09431	平 罗	09623
铜 仁	0856	东 川	08811	江 川	08898	柞 水	09242	泾 川	09432	盐 池	09631
毕 节	0857	水 富	08814	**西藏自治区**		石 泉	09259	崇 信	09434	中 卫	09635
六 盘 水	0858	罗 平	08823	拉 萨	0891	留 坝	09260	华 亭	09435	**青海省**	
兴 义	0859	宣 威	08824	**陕西省**		镇 巴	09265	榆 中	09440	西 宁	0971
镇 宁	08634	砚 山	08826	西 安	029	宁 强	09267	庆 阳	09441	平 安	0972
普 定	08635	华 宁	08827	咸 阳	0910	略 阳	09269	合 水	09445	同 仁	0973
清 镇	08636	勐 海	08830	延 安	0911	凤 翔	09272	民 勤	09451	共 和	0974
福 泉	08641	澜 沧	08831	榆 林	0912	岐 山	09273	天 祝	09452	果 洛	0975
纳 雍	08673	江 城	08833	华 县	0913	扶 风	09274	古 浪	09453	玉 树	0976
黔 西	08674	景 东	08834	渭 南	0913	眉 县	09275	金 昌	09455	德 令 哈	0977
大 方	08675	西 盟	08835	商 州	0914	武 功	09276	永 登	09460	门 源	0978
金 沙	08676	孟 连	08836	安 康	0915	凤 县	09278	山 丹	09461	格 尔 木	0979
六 枝	08681	普 洱	08837	南 郑	0916	合 阳	09288	民 乐	09464	大 通	09811
云南省		景 洪	08838	汉 中	0916	白 水	09289	临 泽	09465	乐 都	09821
镇 沅	08601	勐 腊	08839	宝 鸡	0917	长 安	09292	靖 远	09467	**新疆自治区**	
昭 通	0870	石 屏	08841	宝 鸡 县	0917	旬 邑	09299	景 泰	09468	塔 城	09003
昆 明	0871	弥 勒	08842	铜 川	0919	**甘肃省**		会 宁	09469	阿 勒 泰	09009
宜 良	0871	开 远	08844	彬 县	09200	临 夏	0930	玉 门	09471	哈 密	09022
晋 宁	0871	蒙 自	08845	兴 平	09201	兰 州	0931	敦 煌	09473	和 田	09032
路 南	0871	建 水	08846	三 原	09202	定 西	0932	嘉 峪 关	09477	米 泉	09041
呈 贡	0871	泸 西	08848	高 陵	09203	平 凉	0933	武 山	09482	博 乐	09093
安 宁	0871	邱 北	08850	户 县	09204	西 峰	0934	张 家 川	09483	克拉玛依	0990
大 理	0872	元 江	08851	泾 阳	09205	武 威	0935	清 水	09484	乌鲁木齐	0991
个 旧	0873	通 海	08852	周 至	09206	张 掖	0936	成 县	09491	奎 屯	0992
曲 靖	0874	易 门	08853	乾 县	09208	酒 泉	0937	康 县	09492	石 河 子	0993
保 山	0875	澄 江	08854	黄 龙	09214	秦 安	0938	宕 昌	09494	昌 吉	0994
文 山	0876	峨 山	08855	洛 川	09217	天 水	0938	西 和	09495	吐 鲁 番	0995
玉 溪	0877	禄 丰	08862	黄 陵	09218	武 都	0939	微 县	09497	库 尔 勒	0996
楚 雄	0878	大 姚	08863	大 荔	09230	永 靖	09402	**宁夏自治区**		阿 克 苏	0997
思 茅	0879	南 华	08865	华 阴	09231	东 乡	09404	银 川	0951	喀 什	0998
耿 马	08800	祥 云	08874	潼 关	09233	广 河	09406	石 咀 山	0952	伊 犁	0999

중국을 넘어야 한국이 산다

1994년 6월 20일   1판 1쇄
1994년 6월 25일   발행

著　者　崔　弼　圭
發行人　朴　勇　正
發行處　韓國經濟新聞社
　　　　서울시　中區　中林洞　441
　　　　전 화 안 내 : (360)　4114
　　　　직통 : (313) 8293 / (312) 0063
1967년 5월 15일　登錄　第2 — 315號
ISBN　89 — 475 — 2103 — 5

정가　5,000원

强大國의 興亡

폴 케네디 著
李曰洙·全南錫·黃建　共譯
〈신국판 / 627면 / 9,800원〉

역사학자이자 미국 예일대 교수인 저자는 이 책에서 지난 5세기 동안에 전개되었던 강대국들의 흥망성쇠는 그들의 경제력과 군사력의 변화 추이에 의해서 좌우되어 왔다고 진단하면서 앞으로 다가오는 21세기에는 미국·소련·서유럽 등의 쇠퇴와 중국·일본 등 아시아 강국들의 부상을 예언하고 있다.

强大國의 大戰略

폴 케네디 編著
孫一鉉 譯
〈신국판 / 302면 / 6,000원〉

이 책은 주로 유럽 강대국들이 겪어온 경험사례 중 경제·정치·군사적 목표를 달성하기 위하여 사용된 대전략의 성공과 실패에 관한 평가를 심도있게 다루고 있어 미래의 정책방향을 설정하고 국가 안보상의 목표를 위해 장·단기적 국가전략 운영을 어떤 방법으로 슬기롭게 펼칠 것인가 등의 정책대안을 제공해 줄 것이다.

21세기 준비

폴 케네디 著
邊道殷·李曰洙　譯
〈양장 / 500면 / 9,000원〉

우리에게 충격을 던졌던 「강대국의 흥망」 저자 폴 케네디 교수가 다가올 21세기 문명세계의 각종 위기를 명쾌히 분석·정리한 力著. 이 책은 향후 30년 사이 우리에게 닥칠 도전들과 그 대응방법 그리고 인구폭발, 환경오염, 생물공학, 로봇, 통신수단, 가공할 파워의 양태 등을 특유의 통찰력으로 분석·예견하고 있다.

메가트렌드 2000

J. 나이스비트 외　共著
金弘基 譯
〈신국판 / 366면 / 8,000원〉

90년대는 정치개혁과 경이적인 기술혁신 등으로 지금까지와 전혀 다른 변화양상을 인류에게 줄 것이다. 이 책은 90년대의 변화로 경제호전, 예술의 번영, 시장사회주의의 출현, 복지국가의 쇠퇴 등 과거 어둡고 비관적인 세기말적 변화보다는 밝고 새로운 흐름을 부각시키고 있다.

여성 메가트렌드

J. 나이스비트 외　共著
金弘基 譯
〈신국판 / 550면 / 9,000원〉

정치·경제·사회 여러 부문에서의 실제 사례를 토대로 여성의 역할과 사회적 영향력을 체계적으로 분석한 力著. 오랫동안 독점적인 특권을 누리던 남성들의 권위가 무너지고 강한 목소리를 내기 시작한 여성들이 지향해야 할 것이 무엇인지를 명확히 정리했다. 특히 미래 여성의 사회적 역할까지 제시해 놓았다.

유러퀘이크

D. 버스타인 著
孫一鉉 譯
〈신국판 / 488면 / 9,000원〉

탈냉전을 맞이하여 세계 경제질서의 새로운 구도와 대혁신은 어떻게 변모할 것인가? 이 책은 뉴욕타임즈 등 언론계에서 10년간 종사해온 필자가 수백명의 각국 저명인사와의 인터뷰를 통해 유럽통합으로 새국면을 맞이하고 있는 세계 경제질서의 변화과정과 앞으로의 전망을 심층분석한 力著.

태평양시대와 美·日 주식회사

대니얼 버스타인 著
朴魯雄 譯
〈신국판 / 356면 / 7,000원〉

이 책은 美·日관계의 갈등을 해결할 수 있는 장기적인 비전을 제시하고 있다. 대립의 양상을 보이고 있는 양국 사이의 큰 힘이 같은 방향으로 작용할 경우 세계경제는 어떤 모습으로 변할 것인가? 저자는 이에 대한 청사진과 함께 미국에 유리한 「태평양권역 경제공동체」구성과 활용방안을 제시하고 있다.

일본식 經營

李奉珍 著
〈신국판 / 490면 / 8,000원〉

기업이 성장·발전하려면 타기업에 앞서는 시장동태와 시장수요에 대응할 수 있는 경영기법이 요구된다. 이 책은 일본의 소규모 기업이 세계적인 글로벌 비즈니스로 성장하기까지의 기업진화 과정에서 취했던 경영비법과 노하우에 대한 실제적 모습을 저자가 직접 체험을 통해 소개한 일본식 경영 안내서.

韓國式 경영

李奉珍 著
〈신국판 / 382면 / 7,000원〉

우리의 국제경쟁력을 제고하는 최상의 방안은 한국의 문화전통을 기본 축으로 한 경영방식이라고 역설한 力著. 이 책은 우리나라의 문화가 기술과 경제의 교착관계 속에서도 놀라운 적응력을 보여주는 일본과 유사한 점이 많다는 것을 지적, 「일본식 경영」과 같은 맥락에서 「한국식 경영」을 구체적으로 분석·적시한 기업경영 지침서.

20세기를 움직인 思想家들

기 소르망 著
姜偉錫 譯
〈신국판 / 426면 / 8,000원〉

20세기 사상계에 결정적인 영향을 끼친 사람들은 과연 누구인가? 프랑스의 저명한 경제학자이자 사회학자인 기 소르망이 29명의 생존해 있는 현대 최고의 사상가들과 직접 인터뷰를 통해 그들 자신이 선택한 분야에 전생애를 바친 사상과 사색의 놀라운 통찰을 기록·정리한「살아있는 도서관」.

제5세대 經營

찰스 새비지 著
高柄國 譯
〈신국판 / 358면 / 8,000원〉

산업시대에서 지식시대로의 전환과정에서 기업이 나아갈 새방향을 재정립한 기업경영 지침서. 미국의 저명한 경영 컨설턴트인 저자는 이 책에서 급변하는 시대에 살아남기 위해서는 산업시대의 사고방식인 계층형 조직을 타파하고 휴먼 네트워킹에 의한 기업의 통합화를 설득력 있게 전개하고 있다.

미래의 經營

로버트 B. 터커 著
金朱洙 譯
〈신국판 / 252면 / 5,000원〉

이 책은 1990년대 기업환경을 결정지을 추세에 대한 예리한 통찰로 가득차 있다. 이 책은 90년대의 대표적 시대추세를 스피드화, 편의화, 연령층의 변화 물결, 다양화, 생활양식의 변화, 가격할인, 가치부가, 대고객 서비스, 기술우위, 품질중시라는 10대 추세로 대표된다고 지적하고 이들의 예시와 대응방법을 제시하고 있다.

未來企業

피터 F. 드러커 著
高柄國 譯
〈신국판 / 416면 / 8,000원〉

우리 시대의 가장 뛰어난 사회·경영학자이자 미래학자인 드러커의「변혁시대 기업생존전략 연구서!」이 책은 세계경제가 빠르게 바뀌어 감에 따라 기업의 새로운 생존 경영전략 모델, 즉 기업이 살아남기 위한 5가지 변화조건을 예리하게 분석·고찰했다. 특히 사회·경제학 시각에서 세계경제 흐름을 통찰한 力著.

자본주의 이후의 사회

피터 F. 드러커 著
李在奎 譯
〈양장 / 328면 / 7,000원〉

사회주의권의 급격한 몰락 이후 탈냉전 분위기가 고조되고 있는 시점에서 향후 세계 변화가 주요 관심사로 떠오르고 있다. 저자는 이 책에서 향후 세계는 자본주의적 시장구조와 기구는 그대로 존속되겠지만 주권국가의 통제력은 약화되고 전문지식을 갖춘 지식경영자 중심의 글로벌화 사회가 될 것으로 예측하고 있다.

成長株·成長企業

高聖洙 著
〈신국판 / 398면 / 7,000원〉

증권시장의 개방으로 시장환경은 물론 성장기업이나 성장주의 개념도 크게 바뀌고 있다. 이 책은 기업의 시장변화에 따른 적응전략, 소비형태 및 개방경제하에서의 성장전략 그리고 성장주의 변천과 그 전망을 밀도있게 분석했다. 특히 경기순환상에서 성장기업·成長株의 진단·판별력과 투자기법을 새로운 시각에서 다루었다.

株價추세선의 활용

禹春埴 著
〈4×6판 / 170면 / 3,000원〉

성공적인 주식투자를 보장받기 위해서는 주가추세선을 활용하는 과학적 투자기법이 선행되어야 한다. 이 책은 추세선을 활용하는 방법, 추세반전을 예고하는 주가모형, 추세강화를 예고하는 주가모형, 추세선의 기술적 분석 등 주가가 움직이는 방향을 미리 전망하도록 실전투자자를 위한 주식투자 지침서.

자본시장의 투기적 환상

梁奉鎭·崔興植 共著
〈신국판 / 319면 / 7,000원〉

자본시장에서의 정보효율성에 관한 논의는 자본시장의 룰이 공정해야 하고 경기에 참가한 사람들의 사고가 합리적이어야 한다는 전제가 있어야 한다. 이 책은 서유럽 자본시장의 역사를 살펴보고 자본시장을 이끌어온 룰의 역할과 정보효율성의 문제를 고찰하고 우리 시장의 문제점과 개선사항들을 항목별로 열거한 주식투자 지침서.

株式市場 흐름 읽는 법

浦上邦雄 著
朴承源 譯
〈신국판 / 200면 / 4,000원〉

언뜻 보기에 무질서하고 예측이 불가능해 보이는 주식시장도 장기적으로 보면 특정한 네 개의 국면을 반복하고 있다는 것을 알 수 있다. 이 책은 이 네 개의 국면이 어떤 요인에 의해 순환되고 각각의 국면에서 어떤 종목이 활약하는가를 숙지할 수 있는 안목을 제시해주고 주식투자시 리스크를 피하는 방법에 대해서도 설명하고 있다.

끝없는 挑戰

高承濟 著
〈신국판 / 460면 / 8,000원〉

기업은 속성상 부단히 변화하고 현실에 능동적으로 적응하지 않으면 살아남을 수 없다. 이 책은 세계를 주름잡는 대기업들의 오늘이 있기까지 그 성장비결과 企業家 불굴의 인내와 집념 그리고 순간순간의 상황극복을 위한 성장배경·성장과정을 세계 90여 企業·企業家들을 추적 관찰·분석한 力著.

日本經濟의 構想

田中直毅 著
金淳鎬 譯
〈신국판 / 354면 / 7,000원〉

세계적인 냉전체제와 더불어 점차 쇠퇴조짐을 보이고 있는 미국을 대신해 국제무대에서의 주역을 꿈꾸는 일본. 이 책은 20세기 최후의 10년을 분수령으로 보고 21세기를 향해 엔(円)화를 세계 최강의 통화로 부상시키기 위해 새로운 경제구상을 도모하고 있는 일본의 경제전략과 야망을 심층 해부했다.

지구의 위기

도넬라 H. 메도우즈外 共著
黃建 譯
〈신국판 / 354면 / 7,500원〉

현재와 같은 추세로 인구·산업화·공해·자원고갈 등의 문제가 지속된다면 지구는 돌이킬 수 없는 파국을 맞게 될 것이다. 이 책은 이와 같은 미래전망에 우리가 도전하기만 한다면 물질적·사회적·생태학적으로도 문제가 없는 사회를 이룩할 수 있음을 13개 시나리오로 미래의 지구를 조망한 力著.

複合不況

宮崎義一 著
梁浚容 譯
〈신국판 / 270면 / 5,500원〉

美·日 등 선진국을 중심으로 한 80년대 금융자유화 조치는 금융기관들의 치열한 경쟁을 유발, 버블에 따른 연쇄도산이라는 새유형의 불황을 초래했다. 이 책은 버블경제의 형성, 팽창, 붕괴의 과정 등 선진국에서 동시 다발적으로 일어난 버블현상의 배경과 특히 일본경제의 붕괴 메커니즘을 실증적으로 분석·진단했다.

管理職의 위기

제임스 R. 엠쇼프外 共著
李仁世 譯
〈신국판 / 306면 / 6,000원〉

종업원과 기업의 가치관, 신념, 태도, 기대수준이 바뀌어 이를 정확히 파악하지 못하면 조직에서 살아남기 어렵다. 이 책은 기업조직에서 더욱더 요구하는 경험축적 4가지 유형, 즉 부하관리, 고객관리, 리더십, 리스크관리의 경험법칙을 분석·소개하고 조직의 수평화시대에 맞는 차별화전략을 체계있게 정리한 조직관리자의 필독서.

비밀帝國

자네트 로우 著
李大桓 譯
〈신국판 / 314면 / 6,000원〉

최근들어 국가의 권한을 능가하는 또다른 권위의 주체들이 급부상하고 있다. 이 책은 속칭「비밀帝國」으로 일컬어지는「거대다국적기업」의 가공할 권력의 실체를 추적·분석한 力著. 특히 自社의 확장을 위해 지역·인종·국가를 초월 무차별적인 거대다국적기업군의 행태연구를 통해 세계경제와 기업세계의 판도변화를 예측했다.

장기전략계획

趙東成·李光賢 共著
〈신국판 / 258면 / 5,000원〉

장기전략계획이란 기업이 추구하는 목표를 달성하기 위해 여러 사람이 힘을 합하는 시스템이다. 이 책은 어느 한 개인이 아닌 기업 구성원 모두가 어떤 역할과 과정을 통해 뜻을 모으고 힘을 합쳐 계획을 입안·수립하는 방법론을 제시하고 있다. 특히 장기전략계획의 수립방법에서 절차 및 시행까지 일목요연하게 다룬 기업경영 실무서.

제 4 물결

허먼 메이너드 2세
수전 E. 머턴스 共著
韓榮煥 譯
〈양장·4×6판 / 239면 / 5,000원〉

21세기의 범세계적 기업을 위한 낙관적 비전을 제시하고 있는 이 책은 한마디로 앨빈 토플러의《제3물결》을 넘어 장기적 미래의 비전에 집중하고 있다. 지금 우리가 공업화를 상징하는「제2물결」에서 탈공업화적인「제3물결」로 전이하고 있지만, 머지 않은 곳에서 새로운 차원의「제4물결」이 밀려오고 있다고 진단하고 있다.

국제산업스파이

피터 슈바이쳐 著
黃建 譯
〈신국판 / 420면 / 8,000원〉

脫냉전 종식이후 정치·군사첩보전이 경제·기술첩보전으로 옮겨가면서 기업체의 산업첩보활동이 크게 강조되고 있다. 이 책은 일본·독일·한국·이스라엘 등 세계 각국이 미국 기업체와 연방정부를 상대로 펼친 경제첩보활동을 연대순으로 파헤친 실화물이다. 특히 企業의 첩보부서 설립의 필요성과 기업스파이 활동을 박진감있게 다루었다.

日本財界의 天才와 神

日經벤처 編
金淳鎬 譯
〈신국판 / 398면 / 7,000원〉

일본의 경영자들은 숱한 어려움을 극복하고 세계적인 기업으로 우뚝 서게 한 혼다 소이치로와 마쓰시타 고노스케 두 사람을 존경하면서 자기들이 낳은 국제급 기업인으로 자랑하고 있다. 이 책은 소이치로와 고노스케의 창업을 비롯해서 기업이념·경영관·기술관, 인간성 등등에 이르기까지 이들의 생애와 철학을 다룬 입신 필독서

역사적인 거짓말

한국경제신문사 출판부 編譯
〈신국판 / 630면 / 10,000원〉

프리랜서 저널리스트이자 소설가인 필립 커가 구약성서에서 현대 정치사까지 약 25세기 동안 인류가 남긴 「기념비적인 거짓말과 속임수」를 총망라해서 서술하고 있는 이 책은 재미있고 교육적이며 때로는 생소하기까지 한 거짓말에 관한 일화 170가지를 소개했다.

유머人生

韓國經濟新聞社 出版部 編
〈4×6판 / 244면 / 4,500원〉

많은 독자들이 1980년 12월부터 본지에 연재되고 있는 「海外유머」를 책으로 출판했으면 어떨지, 그런 계획은 없는지 물어왔다. 이 책은 독자들의 그러한 성원에 보답하자는 취지로 출판되었으며 우스갯소리 가운데서 인생의 묘미도 느끼고 영어공부도 할 수 있게끔 어려운 단어나 語句에는 주석을 달아 독자들의 이해를 돕고자 노력했다.

高溫超電導

田中昭二 編著
成台鉉 譯
〈신국판 / 234면 / 5,000원〉

초고속의 자기부상열차, 손실없는 전력저장장치 및 전력송전 등 인간이 꿈에 그리던 일이 현실로 다가서고 있다. 이 책은 초전도연구의 세계적 기관으로 떠오른 일본의 「초전도 공학연구소」 연구원들이 최신 연구성과를 바탕으로 21세기를 주도할 신비의 물질 고온초전도 전반을 쉽게 설명했다.

數式·圖形의 영어표현

井上章 著
李源鎬 譯
〈신국판 / 212면 / 4,500원〉

기술분야 학자나 관계자가 국제무대에서 수식표현을 제대로 못한다면 어떻게 될까? 수식은 만국 공통이지만 정확히 영어발음을 할 수 있는 사람은 많지 않다. 이 책은 수·기호·수식·도형·그래프 읽는 방법과 벡터·미적분·삼각법·급수·감마함수 등을 다룬 실례를 제시하여 수식과 방정식을 읽는 법을 상세하게 설명했다.

알기 쉬운 精密工學

中澤弘 著
李和樹 譯
〈신국판 / 358면 / 7,000원〉

정밀도의 기계를 실현하는데 필요한 설계의 원리, 가공상의 원리를 체계적으로 정리한 과학기술신서. 어려운 수식보다 그림과 문장을 사용해 알기 쉽게 정리했다. 작업을 수행하는 기술자나 대학·공업고등의 기술교육에 유용한 원리·원칙을 설명함으로써 기술자에게 많은 낭비를 줄여줄 것이라고 밝히고 있다.

美·日 獨 經濟戰爭

제프리 E. 가튼 著
이경일 譯
〈신국판 / 394면 / 8,000원〉

오늘날 세계에서 가장 영향력이 큰 미국·일본·독일 사이의 힘은 변화는 어떠하며 90년대에는 어떻게 변화될 것인가? 이 책은 미·일·독 사이에 새롭게 대두되고 있는 상호관계와 서로 다른 무역전략에 관한 현실적 문제들을 탐구했다. 종래의 이론에서 벗어나 새로운 세계에 대비한 정책을 제시한 저자의 통찰력이 돋보인다.

다이내믹 리엔지니어링

金聖曦 外 共著
〈신국판 / 254면 / 6,000원〉

기업은 하나의 거대한 생명체라는 관점에서 변화 속에서 지속적인 성장을 추구하기 위한 리엔지니어링은 초일류기업으로 가는 첩경이 될 것이다. 이 책은 현시점에서 기업의 위치정립과 프로세스 재설계 그리고 실행과 평가 등 비즈니스 리엔지니어링을 수행하기 위한 최첨단 경영기법을 총정리한 기업 재창조의 전략서이다.

사장님, 원가를 아십니까

鄭明煥 著
〈신국판 / 220면 / 5,000원〉

원가의 개념을 정확히 이해하지 못하고 경영한 결과 장부상으로는 흑자임에도 결손이 나는 등 어려움을 겪는 경우가 흔히 있다. 이 책은 경영자는 물론 회계와 기획담당자를 포함한 기업 관계자들에게 원가의식과 관리회계의 개념을 심어준다는 취지에서 원가에 관련된 제반사항을 소설식으로 알기 쉽게 다룬 力著

75 現代社會와 리스크管理 李京龍 著 〈198면 / 2,400원〉	93 原子力産業의 理解 田載豊 著 〈170면 / 2,300원〉
76 信用카드 이야기 金文煥 著 〈196면 / 2,400원〉	94 韓國의 租稅政策 李鎭淳 著 〈240면 / 2,500원〉
77 데이터뱅크 이야기 鄭寅根 著 〈154면 / 1,900원〉	95 담보와 보증 李源俊・朴相宗 共著 〈176면 / 2,500원〉
78 地方自治와 地方財政 吳然天 著 〈184면 / 2,200원〉	96 銀行마케팅 趙泰玄 著 〈172면 / 2,500원〉
79 技術協力 이야기 林陽澤 著 〈137면 / 1,700원〉	97 정보・통신시스템의 理解 安重鎬 著 〈216면 / 2,500원〉
80 經營計劃 입문 郭秀一 著 〈162면 / 1,900원〉	98 人的資源 회계정보 李正道 著 〈180면 / 2,500원〉
81 經營리스크와 企業保險 宋 一 著 〈182면 / 2,200원〉	99 關稅의 상식 李性燮 著 〈162면 / 2,500원〉
82 海洋資源의 知識 許亨澤 著 〈172면 / 2,000원〉	100 벤처 캐피틀의 理解 高聖洙 著 〈196면 / 2,500원〉
83 産業工學 입문 朴京洙 著 〈200면 / 2,400원〉	101 設備投資와 設備金融 姜日圭・元鍾根 共著 〈198면 / 2,500〉
84 生産戰略 입문 李慶煥 著 〈152면 / 1,800원〉	102 地方自治會計 曺廷煥 著 〈172면 / 2,500원〉
85 現代企業 입문 朴基贊 著 〈184면 / 2,200원〉	103 技術經營의 길잡이 金一龍・任德淳 共著 〈184면 / 2,500원〉
86 職能資格制度의 理解 朴俊成 著 〈170면 / 2,000원〉	104 이미지 마케팅 韓一洙 著 〈192면 / 2,500원〉
87 EC의 經濟・市場統合 金世源 著 〈190면 / 2,400원〉	105 제2금융권 이야기 李彌商・鄭光夏 共著 〈170면 / 2,500원〉
88 經濟成長 이야기 金洙權 著 〈172면 / 2,200원〉	106 브랜드의 知識 金成濟 著 〈190면 / 2,500원〉
89 호텔經營 입문 申鉉柱 著 〈158면 / 2,000원〉	107 백화점 이야기 郭永壽 著 〈180면 / 2,500원〉
90 勞使協商戰略 李達坤 著 〈172면 / 2,200원〉	108 土地超過利得稅의 지식 金東洙 著 〈212면 / 2,500원〉
91 不動産鑑定評價 李源俊 著 〈222면 / 2,500원〉	109 海運 이야기 金聖浩 著 〈180면 / 2,500원〉
92 債券投資의 知識 金昇佑 著 〈148면 / 2,000원〉	110 CIM시스템의 이해 김윤상・박광태 共著 〈200면 / 2,500원〉